Existenzialismus

Rotbuch 3000
Herausgegeben von Martin Hoffmann

---

für B.R.

Thomas Seibert,
geb. 1957. Buchveröffentlichungen: Stephen A. Tyler: *Das Unaussprechliche. Ethnographie, Diskurs und Rhetorik in der postmodernen Welt* (Übersetzung; Trickster 1991); *Geschichtlichkeit, Nihilismus, Autonomie. Philosophie(n) der Existenz* (M & P Verlag für Wissenschaft und Forschung 1996); *Existenzphilosophie* (Sammlung Metzler 1997).
Artikel zu Philosophie und Politik u. a. in *Die Beute, Texte zur Kunst, jungle world, analyse & kritik, Forum Wissenschaft.*
Mitarbeiter von medico international.

Thomas Seibert

Existenzialismus

ROTBUCH 3000

Inhalt

Die Künste der Existenz

Die Existenz, die Revolte, die Revolution

Existenzialismus in der Postmoderne

Anhang

Was ist Existenzialismus?

Obwohl die philosophische Bewegung des Existenzialismus abgeschlossen ist, sind die von ihr gestellten Fragen weder gelöst noch überholt. Das zeigen die Spuren, die sie in der Kunst, der Politik und der Moral hinterlassen hat.

»Das größte neuere Ereignis – dass ›Gott tot ist‹, dass der Glaube an den christlichen Gott unglaubwürdig geworden ist – beginnt bereits seine ersten Schatten über Europa zu werfen. Das Ereignis selbst ist viel zu groß, zu fern, zu abseits vom Fassungsvermögen vieler, dass viele bereits wüssten, was eigentlich sich damit begeben hat – und was alles nunmehr einfallen muss: zum Beispiel unsre ganze europäische Moral. Diese lange Fülle und Folge von Abbruch, Zerstörung, Untergang, Umsturz, die nun bevorsteht: wer erriete heute schon genug davon, um den Lehrer und Vorausverkünder dieser ungeheuren Logik von Schrecken abgeben zu müssen.«

Friedrich Nietzsche, 1881

Ein kurzer Abriss

Die Geschichte des Existenzialismus beginnt Mitte des vergangenen Jahrhunderts mit der existenziellen Revolte Max Stirners, Sören Kierkegaards und Friedrich Nietzsches. Die drei »existierenden Denker« (Kierkegaard) setzen der gebildeten Gesellschaft ihrer Zeit, deren Philosophie und deren Kultur die schillernde *Autonomie** ihrer eigenen, rigoros vereinzelten Existenz entgegen.

Die halb philosophischen, halb literarischen Bücher Stirners, Kierkegaards und Nietzsches finden in der Künstlerbohème des 19. und den kulturrevolutionären Avantgarden des frühen 20. Jahrhunderts begeisterte Leserinnen und Leser. Gemeinsam ist ihnen der Anspruch auf die radikale Befreiung des Einzelnen von den Zwängen der Moral, der Sitte und des Gesetzes und der Wunsch nach einer »Entregelung der Sinne« (Rimbaud) und der Erfahrung.

Nach dem Ersten Weltkrieg findet die Antiphilosophie der ersten Existenzialisten Aufnahme an der Universität und wird zum Ausgangspunkt für die von Karl Jaspers und Martin Heidegger begründete *Phänomenologie* der Existenz. Heideggers Hauptwerk *Sein und Zeit* (1927) inspiriert den Existenzialismus Jean-Paul Sartres, Simone de Beauvoirs' und Albert Camus', der in den 50er Jahren weltweit wesentlichen Einfluss auf die Philosophie, die Literatur und die Kunst gewinnt. Existenzialistische Romane wie Sartres *Ekel* (1939) oder Camus' *Der Fremde* (1942) prägen die Lebenseinstellung der Nachkriegsjugend, die deshalb auch als »existenzialistische Generation« bezeichnet wird.

Moderne und Modernität

In den 60er Jahren politisiert sich mit dieser Generation auch der Existenzialismus und bestimmt, aufgeladen mit marxistischen und psychoanalytischen Motiven, die Revolten des Mai 1968. In den letzten beiden Jahrzehnten des 20. Jahrhunderts stehen die Lehren vor allem Nietzsches und Heideggers im Brennpunkt des Streites um *Moderne* und *Postmoderne*. Dass gerade sie zu Kronzeugen in diesem Streit wurden, ist kein Zufall. Allgemein versteht man unter der Moderne eine historische Epoche, die sich aus einer längst abgeschlossenen Vormoderne entwickelt hat und irgendwann – vielleicht – von einer geheimnisvollen Postmoderne abgelöst wird. Nietzsche, Heidegger und die Existenzialisten haben sich weniger für die Epoche der Moderne als für die *Modernität** interessiert. Darunter verstanden sie eine Haltung, eine Art des Denkens und des Handelns, ein Lebensgefühl, eine Existenzweise. Sie wollten herausfinden, wie dieses Lebensgefühl, diese Existenzweise entstand und was die Möglichkeiten sind, die sie eröffnet: die Schrecken, die mit ihr verbunden sind, wie die Freiheitschancen, die sie bietet. So kann der Existenzialismus als Versuch verstanden werden, in der Philosophie, der Kunst, der Politik, der Moral und folglich im Alltagsleben die Konsequenzen zu ziehen, die sich aus der unverstellten Erfahrung der Moderne ergeben.

»Dostojewski hatte geschrieben: ›Wenn Gott nicht existierte, so wäre alles erlaubt.‹ Da ist der Ausgangspunkt des Existenzialismus. In der Tat, alles ist erlaubt, wenn Gott nicht existiert, und demzufolge ist der Mensch verlassen, da er weder in sich noch außerhalb seiner eine Möglichkeit findet, sich anzuklammern. Vor allem findet er keine Entschuldigungen. Der Existenzialismus ist nichts anderes als eine Bemühung, alle Folgerungen aus einer zusammenhängenden atheistischen Einstellung zu ziehen.«

Jean-Paul Sartre, 1946

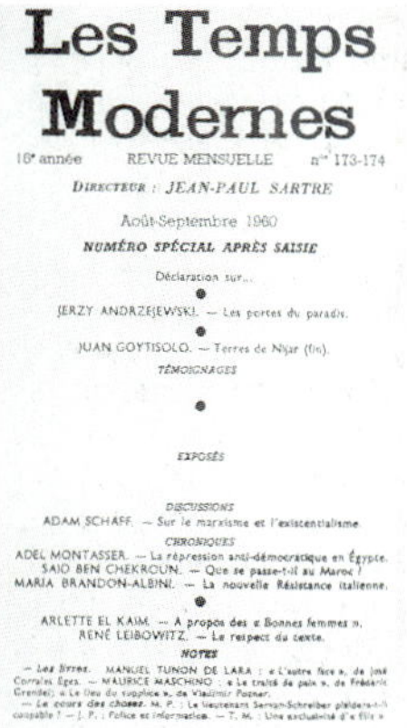
Les Temps Modernes

16ᵉ année REVUE MENSUELLE nᵒˢ 173-174

DIRECTEUR : JEAN-PAUL SARTRE

Août-Septembre 1960

NUMÉRO SPÉCIAL APRÈS SAISIE

Déclaration sur...

JERZY ANDRZEJEWSKI. — Les portes du paradis.

JUAN GOYTISOLO. — Terres de Nijar (fin).

TÉMOIGNAGES

EXPOSÉS

DISCUSSIONS

ADAM SCHAFF. — Sur le marxisme et l'existentialisme.

CHRONIQUES

ADEL MONTASSER. — La répression anti-démocratique en Égypte.

SAID BEN CHEKROUN. — Que se passe-t-il au Maroc ?

MARIA BRANDON-ALBINI. — La nouvelle Résistance italienne.

ARLETTE EL KAIM. — A propos des « Bonnes femmes ».

RENÉ LEIBOWITZ. — Le respect du texte.

NOTES

— Les livres. MANUEL TUNON DE LARA : « L'autre face », de José Corrales Egea. — MAURICE MASCHINO : « Le traité de paix », de Frédéric Grendel ; « Le Jeu du supplice », de Vladimir Pozner.

— Le cours des choses. M. P. : Le lieutenant Servan-Schreiber plaidera-t-il coupable ? — J. P. : Police et information. — T. M. : Une exclusivité d'« Elle ».

»Les Temps Modernes«. Titelseite einer Ausgabe von 1960 der von Jean-Paul Sartre herausgegeben Zeitschrift

Der Existenzialismus hat nicht nur die Philosophie, die Literatur und die Kunst der Moderne geprägt, sondern vor allem die Haltung und die Moral der Modernität. In ihr liegt seine fortdauernde Bedeutung.

Was ist Existenz?

Über Jahrhunderte waren Religion und Philosophie der Ort der »ewigen Wahrheiten«. In der Moderne wird die Ewigkeit zu »unserem längsten Irrtum« (Nietzsche). Stein des Anstoßes ist die Existenz, zuerst die Gottes, dann die jedes Einzelnen.

»Wenn die existenzialistische Philosophie vor allem eine Philosophie ist, die sagt: die Existenz geht der Essenz voraus, so muss sie, um wirklich aufrichtig zu sein, gelebt werden. Als Existenzialist leben heißt einwilligen, für diese Lehre zu bezahlen und nicht nur sie in Büchern aufzunötigen.«

Jean-Paul Sartre, 1946

Wesen und Dasein

Der Begriff Existenz* (von lateinisch *existere*, ins Leben treten) war in der religiösen und philosophischen Tradition immer mit dem der Essenz* (lat. *essentia*, Wesen, zu *esse*, sein) verbunden, genauer: ihm untergeordnet. Der Begriff der Existenz bezeichnet das, was wirklich ist (das Dasein, das Seiende, *das Existierende*), während der Begriff der Essenz* das nennt, was wesentlich ist, die Bedeutung, den Sinn und die Wahrheit des Existierenden, das an ihm wahrhaft Essenzielle. Auf der Unterordnung der Existenz unter die Essenz baut die Philosophie die Hierarchie ihrer Begriffe auf: Zur Essenz gehört die Ewigkeit, die Wahrheit, die Notwendigkeit, die Allgemeinheit und das Gute, während die Existenz durch die Zeit, den Schein, den Zufall, die Besonderheit und das Böse bestimmt ist. Alles, was existiert, ist deshalb eine vergängliche, in die Welt des Scheins verstrickte und in ihrem Dasein zufällige Besonderung seines ewigen, wahren, notwendigen und allgemeinen Wesens. Während das Wesen von der Idee des Guten erleuchtet wird und insofern selbst das Gute ist, wird das Dasein von seiner Neigung zum Bösen und zur Sünde bestimmt. Einzig und allein Gott existiert in der vollkommenen Einheit von Dasein (Existenz) und Wesen (Es-

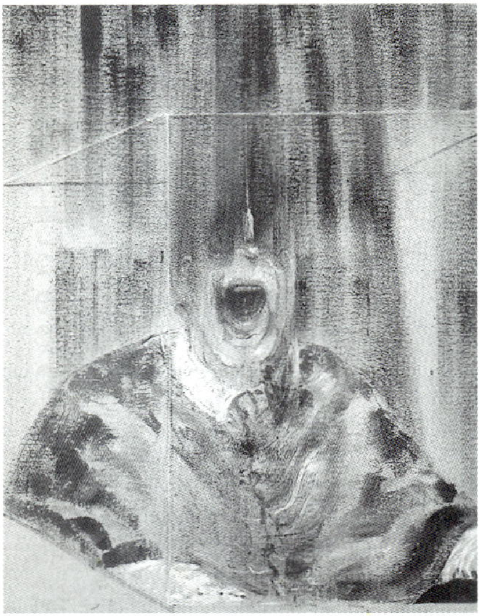

Francis Bacon: Kopf VI, 1948; Öl auf Leinwand

senz) und ist folglich das »Höchste Wesen« und zugleich das »Höchste Seiende«.

Auch der Mensch unterliegt der Hierarchie von Existenz und Essenz, auch er »hat« ein Wesen, das ihm vorgibt, wie er sein und was er tun soll. Mehr noch: Die Idee des Sollens selbst hängt – jedenfalls in der Philosophie – an der Unterordnung des Daseins unter sein Wesen. Wo es kein Wesen gibt, oder wo die Beziehung von Wesen und Dasein sich verwirrt, da fehlt auch der Maßstab für das, was erlaubt und was verboten ist.

»Mein Leben ist bis zum Äußersten gebracht; es ekelt mich des Daseins, welches unschmackhaft ist, ohne Salz und Sinn. Man steckt den Finger in die Erde, um zu riechen, in welch einem Lande man ist, ich stecke den Finger ins Dasein – es riecht nach nichts. Wo bin ich? Wer bin ich? Wie bin ich in die Welt hineingekommen; warum hat man mich nicht vorher gefragt, warum hat man mich nicht bekannt gemacht mit Sitten und Gewohnheiten, sondern mich hineingestukt in Reih und Glied als wäre ich gekauft von einem Menschenhändler? Wie bin ich Teilhaber geworden in dem großen Unternehmen, das man Wirklichkeit nennt? Alles, was in meinem Wesen enthalten ist, schreit auf in Widerspruch zu sich selbst.«

Sören Kierkegaard, 1843

Die Modernität und der »Tod Gottes«

In der Moderne kommt diese einstmals ewige Ordnung ins Wanken, um sich schließlich – im »Tod Gottes« als dem »größten neueren Ereignis« (Nietzsche) – aufzulösen. Sören Kierkegaard – der sein Leben lang verzweifelt darum kämpft, Christ zu werden – kehrt als Erster die Hierarchie von Existenz und Essenz um und spricht der Existenz den Vorrang vor der Essenz zu. Er tut dies in drei Schritten. Zunächst beschränkt er den Begriff der Existenz auf die menschliche Existenz. Darunter versteht er dann nicht einfach das bloße Dasein von Menschen, sondern die besondere Weise, in der sich Menschen zu ihrem Dasein verhalten: seine oder ihre *Subjektivität**. Schließlich besteht Kierkegaard darauf, dass das, was für einen Menschen essenziell ist, nur existenziell entschieden werden kann – und zwar in der Zeit, und folglich immer nur im jeweils einzelnen Fall, niemals in gesellschaftlicher Allgemeinheit.

Die Existenzialisten folgen Kierkegaards Lehre vom Vorrang der Existenz, lösen sie aber immer radikaler von der Religion und schließlich auch von der Philosophie ab.

Das Recht der subjektiven Freiheit

Mit der Verkündung der Menschenrechte (1789) und der Hinrichtung des Königs (1793) in der Französischen Revolution beginnt die bürgerliche Moderne. In der nachrevolutionären Gesellschaft aber fallen Ideal und Realität der neu gewonnenen Freiheit auseinander.

»Das Recht der subjektiven Freiheit macht den Wende- und Mittelpunkt in dem Unterschiede des Altertums und der modernen Zeit.«

Georg Wilhelm Friedrich Hegel, 1821

Freiheit, Gleichheit, Brüderlichkeit

Der Sieg der Französischen Revolution war auch ein Sieg der Aufklärungsphilosophie, die den Privilegien des Adels und den Dogmen der Kirche das »Recht auf subjektive Freiheit« (Hegel) entgegengesetzt hatte. Jahrhundertelang hatte die religiöse Ordnung die Ordnung der Welt gerechtfertigt. Der absoluten Macht Gottes entsprach die absolute Macht der Könige und Fürsten, die sich der Gnade Gottes verdankte. Mit dem Umbruch der weltlichen Ordnung geriet auch die Ordnung der Religion ins Wanken. Die unanfechtbare Autorität der Bibel löste sich in den Fortschritten einer Wissenschaft auf, die die göttliche Offenbarung dem freien Disput der Gelehrten unterwarf. Die Freiheit der Meinung und der Wahl sollte zum Prinzip auch der gesellschaftlichen Beziehungen werden: Gestützt auf die Macht der Vernunft wollte die bürgerliche Gesellschaft eine Gesellschaft von Freien, Gleichen und Brüdern sein.

Doch die Wirklichkeit widersprach dem Ideal der Freiheit des Einzelnen. Der Auflösung der überkommenen Herrschaftsverhältnisse folgte ihre Wiederherstellung im republikanischen Kostüm. Die Republik unterwarf sich dem Kaiser Napoleon (1769–1821). Der verkehrte die Revolution in einen Krieg, der ganz Europa überzog und die Machtverhältnisse überall durcheinander wirbelte. Im blutigen Wechsel von Revolution, Krieg und Konterrevolution wurde die alltägliche Lebenswelt einer immer strengeren staatlichen Planung unterworfen. Dies förderte die rasante Ausbreitung der industriellen Produktion und der Warenökonomie, mit der die Vergesellschaftung des Lebens in unerhörtem Ausmaß vorangetrieben wurde.

Die Aufklärungsphilosophie wandelte sich von einer Philosophie der Befreiung aus feudaler Knechtschaft und religiösem Aberglauben zur Ideologie der bürgerlichen Herrschaft. Sie rechtfertigte die Einpassung der Individuen in den Vergesellschaftungsprozess mit ihrer Forderung nach unbedingter Moralität, d. h. nach rückhaltloser Gesetzestreue. So bekannte der Aufklärungsphilosoph Immanuel Kant (1724–1804) offen, »nichts von der Neigung der Menschen, sondern alles von der Obergewalt des Gesetzes zu erwarten, oder den Menschen

»Hier sehen wir nun die Philosophie in der Tat auf einen misslichen Standpunkt gestellt, der fest sein soll, unerachtet er weder im Himmel, noch auf der Erde an etwas gehängt oder woran gestützt wird. Hier soll sie ihre Lauterkeit beweisen als Selbsthalterin ihrer Gesetze, nicht als Herold derjenigen, welche ihr ein eingepflanzter Sinn, oder wer weiß welche vormundschaftliche Natur einflüstert.«

Immanuel Kant, 1785

Hinrichtung Ludwigs XVI. auf dem Revolutionsplatz in Paris

»Wenn die Macht der Vereinigung aus dem Leben der Menschen verschwindet und die Gegensätze ihre lebendige Beziehung und Wechselwirkung verloren haben und Selbständigkeit gewinnen, entsteht das Bedürfnis der Philosophie. Es ist insofern eine Zufälligkeit, aber unter der gegebenen Entzweiung der notwendige Versuch, die Entgegensetzung der fest gewordenen Subjektivität und Objektivität aufzuheben.«

Georg Wilhelm Friedrich Hegel, 1801

widrigenfalls zur Selbstverachtung und inneren Abscheu zu verurteilen« (1785).

Die Auflehnung der Romantik

Die Enttäuschung über die nachrevolutionären Zustände fand ihren Ausdruck in der literarischen Bewegung der Romantik, die sich zu Beginn des 19. Jahrhunderts in ganz Europa ausbreitete. Die romantischen Schriftsteller und ihre schnell wachsende Leserschaft vornehmlich in der bürgerlichen Jugend setzten den immer enger werdenden Zwängen der Vergesellschaftung einen Kult des schöpferischen Individuums entgegen, dessen Verkörperung der »geniale« Künstler sein sollte. Die »Empfindsamkeit« des Dichters sollte sich von der blutleeren Gesetzestreue des Staats- und Spießbürgers und dem berechnenden Geist des Bourgeois lösen, die romantische Liebe einer freien Zweisamkeit den Ausweg aus den Zwängen der Gesellschaft öffnen, die zunehmende Kälte des bürgerlichen Alltags durch die religiöse Versöhnung der gesellschaftlichen Gegensätze wenigstens gemildert, wenn nicht gar überwunden werden.

Da den immer stärker vom Staat und der Industrie bestimmten Lebensverhältnissen weder mit dem Genie des Künstlers noch mit der Frömmigkeit des »Volksgeistes« beizukommen war, zogen sich die Romantiker bald gänzlich aus dem Alltagsleben zurück, um an dessen Rändern ein durch Ironie bestimmtes Leben zu führen: Wo sie zum Mitmachen gezwungen waren, kultivierten sie ihre Innerlichkeit als Reserve eines folgenlosen Widerstands. Wem das nicht genügte, der schied im Selbstmord aus der Welt – eine letzte Geste der Auflehnung, für die ausgerechnet Johann Wolfgang von Goethe (1749–1832), ein früher Kritiker der Romantik, in seinem Roman *Die Leiden des jungen Werthers* (1774) das Vorbild geschaffen hatte.

Hegels Vermittlung

Für den Philosophen Georg Wilhelm Friedrich Hegel (1770–1831) drückt sich in der romantischen Ironie die

Verzweiflung eines Individuums aus, »für welches alle Bande gebrochen sind und das nur in der Seligkeit des Selbstgenusses leben mag« (1827). Der Berliner Universitätsprofessor hält sich gleichsam in der Mitte zwischen der logischen Rechtfertigung der bürgerlichen Zwänge durch die Aufklärungsphilosophie und der emotionalen Ablehnung der Gesellschaft durch die Romantik. Den Romantikern hält er entgegen, dass die unüberwindbaren Widersprüche der Gesellschaft und der unauflösliche Konflikt zwischen der bürgerlichen Ordnung und dem freien Individuum nicht durch Kunst und Religion, sondern nur durch die Philosophie versöhnt werden können. Im Unterschied zum Aufklärungsphilosophen Kant besteht er allerdings darauf, dass die Philosophie die Unzufriedenheit und Auflehnung des vom Staat und der Ökonomie bedrängten Einzelnen nicht bloß durch die Strenge des moralischen Gesetzes binden darf. Sie muss vielmehr zeigen, wie die Geschichte im wechselhaften und deshalb bisweilen schmerzlichen Fortschritt der Vergesellschaftung Schritt für Schritt den Fortschritt der Vernunft verwirklicht. Gelingt dies, dann erkennt das Individuum in der Unterwerfung unter die Pflichten seines gesellschaftlichen Daseins die Erfüllung seiner subjektiven Freiheit. Der Verzicht, den sich die Einzelnen dabei auferlegen müssen, werde dann nicht durch eine folgenlose und deshalb jederzeit vom Zusammenbruch bedrohte Ironie, sondern durch die Überlegenheit der philosophischen Einsicht belohnt. So verwirkliche sich die subjektive Freiheit am Ende der Geschichte in der philosophischen Freiheit eines Geistes, der alle Opfer und Schmerzen seines Werdens in der Zustimmung zu dem, was letzten Endes vernünftig und notwendig war, versöhnt wissen werde.

»Man muss unbedingt modern sein.«

Jean-Arthur Rimbaud, 1873

»Der einzige Gedanke, den die Philosophie mitbringt, ist aber der einfache Gedanke der Vernunft, dass die Vernunft die Welt beherrsche, dass es also auch in der Weltgeschichte vernünftig zugegangen sei. Wer die Welt vernünftig ansieht, den sieht sie auch vernünftig an.«

Georg Wilhelm Friedrich Hegel, 1821

Indem Hegel den wirklichen Gegensatz von Ideal und Realität philosophisch versöhnt, führt er Gesellschaft und Individuum in der Philosophie zusammen: eine Lösung, der die Wirklichkeit eigensinnig widerspricht.

Die Junghegelianer

Die Philosophen nach Hegel folgen ihrem Meister, indem sie über ihn hinausgehen: Die Junghegelianer wollen Hegels philosophische Rechtfertigung der Revolution durch die revolutionäre Verwirklichung der Philosophie vollenden.

Die Philosophie der Tat

»Es ist jetzt die Aufgabe der Philosophie des Geistes, Philosophie der Tat zu werden. Nicht nur das Denken, sondern die ganze menschliche Tätigkeit muss auf jenen Standpunkt gehoben werden, wo alle Gegensätze verschwinden.«
Moses Heß, 1842

Hegels philosophische Versöhnung des Widerspruchs zwischen der individuellen Existenz und der bürgerlichen Gesellschaft wollte zugleich die Versöhnung von christlicher Religion und aufgeklärter Modernität sein. Deshalb gipfelte seine Philosophie in der Behauptung, dass im bürgerlichen Staat das christliche Ideal von der Freiheit und Gleichheit aller Menschen verwirklicht sei. Diese mehr als gewagte These führt zum Bruch mit seinen Schülern, den so genannten »Junghegelianern«. Die Junghegelianer waren eine lose miteinander verbundene Gruppe von etwa 50 Intellektuellen, die meisten von ihnen Studenten und Studentinnen der Philosophie. Manche haben selbst noch Hegels Vorlesungen besucht, alle sind begeisterte Leser seiner ebenso schwierigen wie umfangreichen Bücher.

Im Unterschied zu Hegel aber ist die Einheit von Vernunft und Gesellschaft für die Junghegelianer nicht historische Realität, sondern ein Ideal, dessen Verwirklichung noch aussteht. Weil sie vom philosophischen Gedanken zur politischen Tat fortschreiten wollen, ersetzen sie Hegels »Philosophie des Geistes« durch eine »Philosophie der Tat« (M. Heß).

Die Lösung von Hegel wird zugleich zur Lösung von der Universität. Kaum einer der Junghegelianer wird Professor; die wenigen, denen dies gelang, werden – wie Ludwig Feuerbach oder Bruno Bauer – aus dem Staatsdienst entlassen. So schlagen sie sich als Schriftsteller, Journalisten oder Privatlehrer durch. Da viele von ihnen politisch aktiv sind, werden sie polizeilich verfolgt, oft ins Exil und damit in die Armut gezwungen.

Philosophie und Praxis

In den 1840er Jahren kommt es in ganz Europa zu sozialen Aufständen: Im Februar 1848 wird in Paris erneut die Republik proklamiert, einen Monat später beginnt in Deutschland die Märzrevolution, auch in England, Italien, Österreich, in Ungarn, in Böhmen und in Dänemark flackern heftige Kämpfe auf. Die Junghegelianer stellen sich an die Spitze der Revolten: Karl Marx (1818–1883) und Friedrich Engels (1820–1895) veröffentlichen das *Manifest der Kommunistischen Partei*, Michail Bakunin (1814–1876) reist von Aufstand zu Aufstand kreuz und quer durch Europa.

Jahrhundertelang war die Philosophie eine Sache weniger Gelehrter gewesen. Nach dem Willen der Junghegelianer sollte sie zur gesellschaftlichen Wirklichkeit werden. Schon deshalb war nicht die Universität, sondern die revolutionäre Praxis der angemessene Ort des Philosophen: Hier wurde er zum praktischen Aufklärer der ganzen Gesellschaft, vollendete sich die theoretische Kritik des religiösen Jenseits in der praktischen Kritik des sozialen Diesseits. Voraussetzung dafür war allerdings, dass die Philosophie überhaupt in der Lage war, »die Massen zu ergreifen«, um so zur »materiellen Gewalt« zu werden, die die Gesellschaft zur Vernunft bringt (Marx, 1844).

»Die Kritik der Religion enttäuscht den Menschen, damit er denke, handle, seine Wirklichkeit gestalte wie ein enttäuschter, zu Verstande gekommener Mensch, damit er sich um sich selbst und damit um seine wirkliche Sonne bewege.
Es ist also die Aufgabe der Geschichte, nachdem das Jenseits der Wahrheit verschwunden ist, die Wahrheit des Diesseits zu etablieren. Die Kritik des Himmels verwandelt sich damit in die Kritik der Erde, die Kritik der Religion in die Kritik des Rechts, die Kritik der Theologie in die Kritik der Politik.«

Karl Marx, 1844

Reprint der Originalausgabe des »Kommunistischen Manifests« von 1848

Mit dem Scheitern der Aufstände bricht ein tiefer Zweifel auf: War der junghegelianische Glaube an eine vollkommene Gesellschaft nicht das letzte religiöse Vorurteil, der am längsten währende Aberglaube? Mit diesem Zweifel beginnt der Existenzialismus.

Der Einzige, sein Eigentum, seine Revolte: Max Stirner

Dass die »Kritik der Religion die Voraussetzung aller Kritik ist« (Marx), war der Grundsatz der Junghegelianer. Doch nicht Marx, sondern erst Stirner (1806–1856) zeigt, in welche Abgründe dieser Grundsatz führt.

»Allein die Gattung ist nichts, und wenn der Einzelne sich über die Schranken seiner Individualität erhebt, so ist dies vielmehr gerade Er selbst als Einzelner, er ist nur, indem er sich erhebt, er ist nur, indem er nicht bleibt, was er ist: sonst wäre er fertig, tot. Der Mensch ist nur ein Ideal, die Gattung nur ein Gedachtes. Nicht, wie Ich das allgemein Menschliche realisiere, braucht meine Aufgabe zu sein, sondern wie Ich Mir selbst genüge. Ich bin Meine Gattung, bin ohne Norm, Muster, Gesetz.«

Max Stirner, 1844

Der »Tod Gottes« und der Tod des Menschen

Berlin, die Wirkungsstätte Hegels, war das Zentrum der junghegelianischen Bewegung. Die von der Universität in ein unsicheres Leben entlassenen Philosophen führen ihre Debatten in der *Hippel'schen Weinstube* oder im *Café Stehely*; gegen die preußische Gesellschaft schließen sie sich im Club der Freien zusammen. Von einer der Clubversammlungen schreibt Friedrich Engels 1844 dem Freund Marx nach Paris, dass Stirner »unter den *Freien* offenbar am meisten Talent, Selbständigkeit und Fleiß besitzt«. In diesem Jahr ist Stirners wichtigstes Buch erschienen und sofort verboten worden: *Der Einzige und sein Eigentum*. Ein Jahr später antworten ihm Marx und Engels mit der *Deutschen Ideologie*.

Beide Bücher sind als »Abrechnung mit dem philosophischen Gewissen« (Marx) geschrieben worden, beide setzen dem »Geisterreich« (Stirner) der Philosophie die Radikalität einer wirklich an ihr Ende geführten Kritik entgegen: »Radikal sein ist, die Sache an der Wurzel fassen. Die Wurzel für den Menschen ist aber der Mensch selbst.« (Marx, 1844) Die Kritik löst zuletzt noch diesen Menschen auf: Für Marx ist er nur noch »das Ensemble der gesellschaftlichen Verhältnisse«. Für Stirner dagegen niemand anderer – als er selbst.

Die existenzielle Revolte*

Stirner erkennt, dass die bürgerliche Revolution zwar Gott durch den Menschen ersetzt, damit aber gerade nicht das »Höchste Wesen« beseitigt hat. Im junghegelianischen Projekt der »Verwirklichung der Philosophie« sieht er deshalb nur einen weiteren Vorstoß in der fortlaufenden Vergesellschaftung des Lebens: Wer die Einordnung des Einzelnen in die Gesellschaft zur höchsten Wesensbestimmung des Menschen erhebt, »unterwirft sich der Oberhoheit einer Arbeitergesellschaft, wie der Bürger mit Hingabe am Konkurrenz-Staat hing. Der schöne Traum von der ›Sozialpflicht‹ wird noch fortgeträumt.«

»Stell' Ich auf Mich, den Einzigen, Meine Sache, dann steht sie auf dem Vergänglichen, dem sterblichen Schöpfer seiner, der sich selbst verzehrt, und Ich darf sagen: Ich hab' Mein' Sach' auf Nichts gestellt.«

Max Stirner, 1844

Jedem »Höchsten Wesen« – Gott, dem Menschen, der Gesellschaft – setzt Stirner deshalb die eigene Existenz entgegen. Von dieser kann nichts ausgesagt werden, als dass sie einzig und eigen ist. Damit will er nicht sagen, dass er allein und selbstherrlich auf der Welt sei, sondern dass er – so gut wie jeder und jede andere auch – in der Endlichkeit des Existierens unvergleichlich ist: Der Einzige ist gar nichts anderes als die Unterscheidung, die er zwischen sich und der Welt – allem, was sonst existiert – trifft.

Die Junghegelianer im Café. Federzeichnung von Friedrich Engels, 1842. In Engels' Handschrift: V.l.n.r. Ruge, Buhl, Nauwerk, Bruno, Wigand, Edgar, Stirner, Meyen, Unbekannte, Köppen als Leutnant.

Wer diese Unterscheidung bis zur letzten Konsequenz treibt, muss die Verpflichtungen zurückweisen, die ihn zum »nützlichen Glied« der Gesellschaft machen sollen. Er muss dafür auch auf die Anerkennungen verzichten, mit der die Gesellschaft ihre Untertanen belohnt.

Stirner zufolge ist der Einzige erst dann sein Eigen, wenn er auch sich selbst nicht gleicht, sich auflöst, vergänglich ist. Das Eigentum des Einzigen ist insofern keine »feste Burg« – es ist sein Abgrund.

Glauben und Wissen: Sören Kierkegaard

Wenn wir heute davon sprechen, dass uns etwas »existenziell angeht« oder dass sich jemand in einer »existenziellen Krise« befindet, geht dies auf den Gebrauch dieser Begriffe bei Sören Kierkegaard (1813–1855) zurück.

»Kurz vor der Revolution von 1848 haben Marx und Kierkegaard dem Willen zu einer Entscheidung eine Sprache verliehen, deren Worte auch jetzt noch ihren Anspruch erheben: Marx im *Kommunistischen Manifest* (1848) und Kierkegaard in einer *Literarischen Anzeige* (1846). Das eine Manifest schließt: ›Proletarier aller Länder, vereinigt euch‹, und das andere damit, dass jeder für sich an seiner eigenen Rettung arbeiten solle.«

Karl Löwith, 1978

Spießer, Proleten, Glaubensritter

Zu den Junghegelianern Berlins gehört auch Sören Kierkegaard, Sohn eines Kopenhagener Kaufmanns und Student der Theologie. Wie alle Junghegelianer will er seine Kritik an Hegel gerade an der Universität entwickeln, an der dieser selbst gelehrt hatte. Die junghegelianischen Debatten führen den Dreißigjährigen zu einer fieberhaften literarischen Produktion. Zwischen seiner ersten (1841) und seiner letzten (1846) Berlin-Reise schreibt er zehn zum Teil sehr umfangreiche Bücher, darunter *Entweder – Oder*, *Furcht und Zittern* und *Die Philosophischen Brocken*. Die meisten veröffentlicht er pseudonym; Druck und Verlag finanziert er vom väterlichen Erbe, das ihm zugleich ermöglicht, sich der Pastorenexistenz zu entziehen, die er ursprünglich angestrebt hatte.

Auch Kierkegaard sucht nach einer Kritik des »Zeitalters der Gegenwart«. Allerdings glaubt er so wenig wie Stirner an die von Marx, Engels und Bakunin verfochtene »Verwirklichung der Philosophie«. Im Gegenteil: »Ist die Menge das Böse, ist es das Chaos, das droht: so ist Rettung nur in Einem: der Einzelne werden.« Vom Einzelnen notiert er 1838 im Tagebuch: »Mein Standpunkt ist die bewaffnete Neutralität.«

Doch während sich Stirner trotz seiner Kritik an der bürgerlich-proletarischen »Sozialpflicht« den Armen und Ausgeschlossenen an die Seite stellt, gibt Kierkegaard der Revolte eine elitäre Wendung. Angeekelt vom Mittelmaß der Spießbürgergesellschaft hält sich der »Glaubensritter« zugleich von der »Pöbelhaftigkeit« der Proletarier fern. Aus der Distanzierung von allen Parteien leitet er zwar nur das Einzelgängertum eines in ethischer, intellektueller, ja, spiritueller Hinsicht eigensinnig geführten Lebens ab. Doch schließt die Verachtung der »Menge« eine untergründige Nähe zur politischen Reaktion ein.

Sören Kierkegaard, 23-jährig. Holzschnitt, 1836

Entweder Christentum oder ...

Wie die Romantiker sehnt sich auch Kierkegaard in eine erfüllte christliche Religiosität zurück. Im existenziellen Zweifel am bedrohten, vielleicht schon verlorenen Glauben stößt ihn das bürgerliche Kirchenchristentum ebenso ab wie die naive Volksfrömmigkeit. Christ-Sein ist ihm eine Angelegenheit, die die vereinzelte Existenz allein mit Gott auszumachen hat – außerhalb der Kirche, sogar außerhalb der Gemeinde. Der echte Glaube ist vom Wissen unüberbrückbar getrennt, ist existenzielles Verhältnis zur Existenz Gottes, keine Tatsache der Erkenntnis, über die objektiv diskutiert werden könnte. Der Unterschied von Glauben und Wissen öffnet deshalb den Raum der einsamen existenziellen Entscheidung, die sich auf genau die Fragen bezieht, auf die das Wissen keine letzte Antwort geben kann. Den Büchern Kierkegaards lässt sich deshalb auch nicht mit Sicherheit entnehmen, wie er sein eigenes Entweder – Oder beantwortet hat: Untrennbar mischen sich dort Pathos und Ironie.

»Der Glaube ist eben dies Paradox, dass der Einzelne als Einzelner höher ist denn das Allgemeine, ihm gegenüber im Recht ist, ihm nicht unter-, sondern übergeordnet ist, dass der Einzelne als Einzelner in einem absoluten Verhältnis zum Absoluten steht. Dieser Standpunkt lässt sich nicht vermitteln; denn alle Vermittlung geschieht gerade in kraft des Allgemeinen; er ist und bleibt in alle Ewigkeit ein Paradox, unzugänglich dem Denken.«

Sören Kierkegaard, 1843

Im Versuch, die in der Glaubenskrise verzweifelt um sich kämpfende Existenz zu verstehen und zu beschreiben, findet Kierkegaard die Sprache, die nach dem »Tod Gottes« von den Existenzialisten gesprochen wird.

Der tote Gott und der freie Geist: Friedrich Nietzsche

Nietzsche radikalisiert die Philosophie-Kritik Stirners und Kierkegaards und wird zu dem Autor, an dem sich – zustimmend oder ablehnend – sämtliche Philosophen des 20. Jahrhunderts messen.

»Nihilismus: es fehlt das Ziel; es fehlt die Antwort auf das ›Warum‹? was bedeutet Nihilismus? – dass die obersten Werte sich entwerten.«

Friedrich Nietzsche, 1887

Christentum und Nihilismus

1871 erhebt sich das Proletariat von Paris gegen das bürgerliche Parlament und setzt eine revolutionäre Gegenregierung – die *Commune* – ein. Die Aufständischen wollen Frankreich in eine Föderation freier Gemeinden umwandeln; Marx erkennt darin ein erstes Modell einer kommunistischen Gesellschaft. Schon bald werfen französische und preußische Truppen den Aufstand nieder. Nach dem Ende der Kämpfe massakrieren die Sieger 20 000 Menschen. Das blutige Gemetzel erstickt die utopischen Hoffnungen der junghegelianischen Generation. Ein Jahr später erscheint Friedrich Nietzsches *Geburt der Tragödie aus dem Geist der Musik*. Der 28-jährige Nietzsche stammt wie viele Philosophen dieser Zeit aus einer protestantischen Pfarrersfamilie und ist im dritten Jahr Professor an der Universität Basel. Das Buch greift den Geschichtsoptimismus der Junghegelianer und zugleich die Selbstzufriedenheit des Bildungsbürgertums an; im akademischen Lehrbetrieb gilt Nietzsche danach als »erledigt«.

Auch für ihn ist Philosophie Kritik der Religion. Doch nicht nur das Christentum, auch der Atheismus der Aufklärer und der Junghegelianer wird ihm zum Gegenstand der Kritik. Nietzsche zufolge haben sie nicht begriffen, was mit dem »Tod Gottes« geschehen ist: Sie ersetzen die Wahrheit der biblischen Offenbarung durch die Wahrheit der Wissenschaft, die Zehn Gebote Gottes durch die Normen der Gesellschaft und das Gesetz des Staates, die

Erlösung im Jenseits durch den Fortschritt des Diesseits. Deshalb bleiben Aufklärer und Junghegelianer in Nietzsches Augen Christen: Sie haben den göttlichen Herrn beseitigt und sind doch Sklaven der christlichen Werte geblieben.

Für Nietzsche sind diese Werte historisch überholt. Diese Situation beschreibt er als *nihilistisch** (von lateinisch *nihil*, nichts). Der Ausdruck ist damals in aller Munde. Bei den Romantikern bezeichnet er die Verneinung aller überlieferten Werte, Ziele, Glaubensinhalte und Erkenntnismöglichkeiten, in der sich die subjektive Freiheit von jeder Bindung löst. Schriftsteller wie Fjodor Dostojewski, Iwan Turgenjew oder Gottfried Keller schildern Nihilisten als asoziale Rebellen gegen jede gesellschaftliche Ordnung.

Nietzsche gibt dem Wort eine neue Wendung. *Nihilismus** beginnt für ihn nicht erst mit der Leugnung der Wahrheit des Christentums. Für ihn war das Christentum selbst nihilistisch, als es die Wahrheit zum höchsten Wert erhoben und das Leben den Geboten der Moral und den Kategorien der Vernunft unterworfen hat.

»Der hier das Wort nimmt, hat Nichts bisher getan als sich zu besinnen: als ein Philosoph und Einsiedler aus Instinkt, der seinen Vorteil im Abseits, im Außerhalb, in der Geduld, in der Verzögerung, in der Zurückgebliebenheit fand; als der erste vollkommene Nihilist Europas, der aber den Nihilismus selbst schon in sich zu Ende gelebt hat, der ihn hinter sich, unter sich, außer sich hat.«

Friedrich Nietzsche, 1888

Nihilismus und Wahrheit

Für Nietzsche sind Moral und Vernunft bloß noch »Resultate bestimmter Perspektiven der Nützlichkeit zur Aufrechterhaltung menschlicher Herrschaftsgebilde: und nur fälschlich projiziert in das Wesen der Dinge« (1887). Diese Projektion ist nicht einfach ein Irrtum in den Köpfen von Philosophen und Theologen: Sie wurde den Menschen im Verlauf ihrer Vergesellschaftung in den Leib gebrannt. Am Ende dieses Prozesses bestimmen die Vernunft- und Moralprinzipien nicht nur die Gedanken, sondern schon die Wahrnehmungen und damit auch die Willensregungen der Individuen. Wirklich und wahr ist jetzt nur noch das, was gut und vernünftig ist; was davon abweicht, ist entweder Schein oder – *soll* nicht sein.

Im Nihilismus der Moderne löst sich der christliche »Wille zur Wahrheit« vom Christentum und wird unverhüllt »Wille zur Macht«. Als in jedem Individuum wirk-

»Der heuchlerische Anschein, mit dem alle bürgerlichen Ordnungen übertüncht sind, wie als ob sie Ausgeburten der Moralität wären, z.B. die Ehe; die Arbeit; der Beruf; das Vaterland; die Familie; die Ordnung; das Recht. Aber da sie insgesamt auf die mittelmäßigste Art Mensch hin begründet sind, zum Schutz gegen Ausnahmen und Ausnahmen-Bedürfnisse, so muss man es billig finden, wenn hier viel gelogen wird.«

Friedrich Nietzsche, 1887

same ökonomisch-technische Rationalität strebt er nach der totalen Funktionalisierung des Lebens. Erreicht wird dies durch eine immer enger geknüpfte Verbindung von Staat, Industrie und Wissenschaft, in der die bürgerliche Gesellschaft mitsamt dem unterworfenen Proletariat zu »einem ungeheueren Räderwerk von immer kleineren, immer feiner angepassten Rädern« wird (1887).

Dergestalt erweitert, spielt der Nihilismusbegriff bei Nietzsche und der späteren Existenzphilosophie die Rolle, die dem Begriff des Kapitalismus in der marxistischen Gesellschaftskritik zukommt: Er drückt aus, was die moderne Gesellschaft und die Erfahrung der Modernität bestimmt.

Die Umwertung aller Werte

Dem »Willen zur Wahrheit« setzt Nietzsche einen Immoralismus entgegen, dessen Ziel die »Umwertung aller Werte« ist. Diese besteht nicht darin, statt der christlichen andere, nach- oder antichristliche Werte zur absoluten Wahrheit zu erheben. Radikal ist die Umwertung erst, wenn sie mit dem Willen zur Wahrheit bricht. Das Mittel dazu ist allerdings kein anderes als – die Wahrheit selbst: ein Wille zur Wahrheit und ein Wille zur Macht, der sich zuletzt gegen sich selbst richtet, indem er fragt, wer da will und was mit der Wahrheit gewollt wird.

Friedrich Nietzsche, 1899

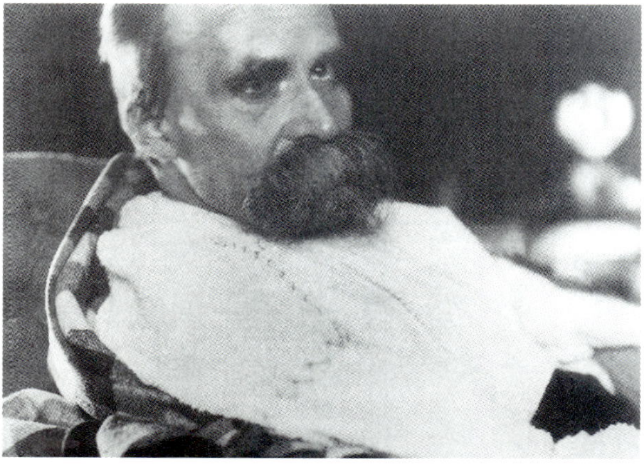

Wer das kann, wird zum »vollkommenen Nihilisten«, zum »freien Geist«, der sich von der bürgerlichen Gesellschaft, ihrer Kultur und ihrem Staat löst, um ein von der Religion, der Moral und der ökonomisch-technischen Rationalität befreites Leben zu leben: »Insofern könnte der Nihilismus, als Leugnung einer wahrhaften Welt, eines Seins, eine göttliche Denkweise sein.« (1887)

Nietzsches Zweideutigkeit

Was aber macht der freie Geist mit seiner Freiheit? Hier wird Nietzsche in fataler Weise zweideutig. Einerseits lässt er keinen Zweifel daran, dass der freie Geist selbst weder Herr noch Sklave sein will: »Es handelt sich nicht um ein Vorangehen (damit ist man bestenfalls Hirt, d. h. oberster Notbehelf der Herde), sondern um ein Für-sich-gehen-können, um ein Anders-sein-können«, heißt es im *Nachlass der Achtzigerjahre*. Doch weil er eine Gesellschaft ohne Herrschaft weder denken konnte noch wollte, hat er die Freiheit nur als elitäres Vorrecht des freien Geistes und die anderen – die Meisten, die »Viel-zu-Vielen« – immer nur als Beherrschte gedacht. Damit hat er der Fortdauer der Herrschaft jenseits von Gut und Böse eine letzte Rechtfertigung verschafft.

»Die Unmöglichkeit, aus der Vernunft ein grundsätzliches Argument gegen den Mord vorzubringen, nicht vertuscht, sondern in alle Welt geschrieen zu haben, hat den Hass entzündet, mit dem gerade die Progressiven Nietzsche heute noch verfolgen. Indem die mitleidlosen Lehren die Identität von Herrschaft und Vernunft verkünden, sind sie barmherziger als jene moralischen Lakaien des Bürgertums. Nietzsche hat in seiner Verneinung das unbeirrbare Vertrauen auf den Menschen gerettet, das von aller tröstlichen Versicherung Tag für Tag verraten wird.«

Theodor Adorno/Max Horkheimer, 1944

Die Auflösung der Zweideutigkeit seiner Herrschaftskritik wurde zur wichtigsten Aufgabe derer, die Nietzsches Freiheit zu der ihren – und zur Freiheit aller machen wollten.

Das Leben der Bohème

Die Bohème ist der gesellschaftliche Ort der existenziellen Revolte. Hier begründen Philosophie und Poesie die erste Gegenkultur der Modernität.

»Ich verabscheue jegliches Handwerk. Meister und Gesellen, alles Gesindel, widerlich. Die Hand der Feder ist so gut wie die Hand am Pflug. Welch ein Zeitalter der Hände! Niemals werde ich über meine Hand verfügen. Hernach führt der Knechtsdienst zu weit. Die Redlichkeit der Bettelei enttäuscht mich aufs schmerzlichste. Die Verbrecher sind so ekelhaft wie die Kastraten: ich zwar bin unberührt, und daran liegt mir nichts.«

Jean-Arthur Rimbaud, 1873

Rimbaud: »Saison en Enfer«

Von der Philosophie zur Poesie

Der Randexistenz, die Stirner, Kierkegaard und Nietzsche in der Philosophie führen, entspricht ihre gesellschaftliche Position. Stirner schlägt sich als Privatlehrer durch, zieht mit dem Geld seiner Frau einen Milchhandel auf, wird inhaftiert, seine Spur verliert sich in den Armenvierteln Berlins. Kierkegaard kehrt von Berlin nach Kopenhagen zurück, wird zum Gespött der »anständigen Bürger« und stirbt mit 42 Jahren – kurz nachdem das väterliche Erbe aufgebraucht war. Nietzsche legt die im Alter von 25 Jahren übernommene Baseler Professur nach zehn Jahren nieder und lebt weitere zehn Jahre in ärmlichen Pensionen in der Schweiz und in Italien, wo er 1889 in Turin auf offener Straße zusammenbricht. Schwer krank verbringt er den Rest seines Lebens in der Gewalt der verhassten Schwester und stirbt im ersten Jahr des 20. Jahrhunderts.

Die Philosophen der Aufklärung waren eng mit dem aufsteigenden Bürgertum verbunden. In der Romantik bekommt diese Verbindung erste Risse, die Junghegelianer kündigen sie kollektiv auf. Während Marx, Engels und Bakunin die Gesellschaft revolutionär umstürzen wollen, revoltieren Stirner, Kierkegaard und Nietzsche schließlich gegen den Zwang zur Vergesellschaftung selbst. Sie werden zu Vordenkern der Bohème, in der sich seit den 1840er Jahren überall in Europa eine anarchistische Gegenkultur ausbildet. Konsequent verzichten Kierkegaard und Nietzsche auf die gelehrte Abhandlung, entwickeln ihre Antiphilosophien in der Form fiktiver Briefe und Tagebücher, im Aphorismus, im autobiografischen Bekenntnis und in Gedichten, die sie »für alle und keinen« (Nietzsche) schreiben.

Eine Zeit in der Hölle: Jean-Arthur Rimbaud

In exemplarischer Weise verkörpert der Dichter Jean-Arthur Rimbaud den existenziellen Anarchismus der Bohemiens. 1854 im Provinznest Charleville geboren, beginnt er schon als Jugendlicher zu schreiben. Mit 16 flieht er aus der familiären Ödnis nach Paris, wird inhaftiert, flieht wieder. Erneute Gefangen schaft, erneute Flucht. Er treibt sich ohne Geld durch die Stadt, nimmt am Aufstand der *Commune* teil, schreibt weiter, kehrt zurück, begibt sich wieder auf die Flucht. Exzessiv trinkt er Wein, Bier, Absinth, raucht Haschisch und Opium, verkehrt in der Pariser, Brüsseler, Londoner Bohème. Er verliebt sich in den Dichter Paul Verlaine und verlässt ihn, nachdem dieser sich von seiner Frau trennt. Verlaine schießt auf Rimbaud und wird inhaftiert. Mit 19 verfasst Rimbaud die Prosagedichte der *Saison en Enfer*, die ihn endgültig berühmt machen. Unvermittelt hört er auf zu schreiben, reist durch ganz Europa, dann nach Afrika, wo er Waffenhändler wird. Krank kehrt er nach Frankreich zurück, stirbt mit 37 Jahren, ohne sein Wissen längst Idol der nächsten Generation der Bohème.

»Das Leben blüht durch die Arbeit, alte Wahrheit: mein Leben aber wiegt nicht schwer genug, es fliegt davon und weht hoch über der Tat, diesem Angelpunkt der Welt. Endlose Farce! Meine Unschuld könnte mich weinen machen. Das Leben ist die Farce, die alle spielen müssen.«

Jean-Arthur Rimbaud

Rimbaud in Paris.
Zeichnung von Paul Verlaine, Juni 1872

Die Bohemiens personifizieren die bleibenden Motive der existenziellen Revolte: ihren Ekel, ihre Angst, ihre Verzweiflung, ihre Sehnsucht nach einem anderen Leben, einer anderen Welt.

Die neue Welt

Von Jahrzehnt zu Jahrzehnt verschärft sich die Krise der Moderne in allen Dimensionen des privaten wie des öffentlichen Lebens. Im Ersten Weltkrieg wird der bis dahin untergründige »Epochenbruch« zur blutigen Alltagsrealität von Millionen.

Die Wissenschaft, die Ideologie und die Industrie

In einem wesentlichen Punkt stimmen Stirner, Kierkegaard und Nietzsche mit Marx, Engels und Bakunin überein: Für sie alle ist die bürgerliche Gesellschaft unwiderruflich zum Untergang bestimmt. Die ersten beiden Jahrzehnte des 20. Jahrhunderts bestätigen ihre Diagnosen in einem Maß, das zuletzt auch die Vorstellungskraft dieser »Erstlinge des 20. Jahrhunderts« (Nietzsche) überstiegen hat.

»Die Bourgeoisie, wo sie zur Herrschaft gekommen, hat alle feudalen, patriarchalischen, idyllischen Verhältnisse zerstört. Sie hat die buntscheckigen Feudalbande unbarmherzig zerrissen und kein anderes Band zwischen Mensch und Mensch übrig gelassen als das nackte Interesse. Die Bourgeoisie kann nicht existieren, ohne sämtliche gesellschaftlichen Verhältnisse fortwährend zu revolutionieren. Alle festen, eingerosteten Verhältnisse mit ihrem Gefolge von altehrwürdigen Vorstellungen und Anschauungen werden aufgelöst, alle neu gebildeten veralten, ehe sie verknöchern können. Alles Ständische und Stehende verdampft, alles Heilige wird entweiht.«

Karl Marx, 1848

In der modernen Wissenschaft findet der ursprünglich christliche »Wille zur Wahrheit« seine mächtigste Ausprägung. Die ökonomisch-technische Rationalität durchdringt zunehmend alle Lebensbereiche, zersetzt die christliche Religion, die bürgerliche Moral und die überlieferte Sittlichkeit des Alltags. Aus deren Bruchstücken entstehen die modernen Ideologien – der Liberalismus, der Nationalismus, der Sozialismus. Sie besetzen die Stelle, die Theologie und Philosophie schrittweise räumen mussten.

Die Wissenschaft schreitet mit dem Prozess der Industrialisierung voran, der sich selbst auf die Anwendung wissenschaftlicher Erkenntnisse stützt. Die industriekapitalistische Produktion überformt die alten bäuerlichen, handwerklichen und häuslichen Produktions- und Reproduktionsweisen: Hunderttausende Bauern und Handwerker sinken ins Proletariat ab, die Geschlechter- und Generationsverhältnisse werden durcheinander gewirbelt, zwischen Proletariat und Bourgeoisie bilden die Angestellten eine schnell wachsende

»Mittelklasse«, deren Lebenseinstellung und Lebensform kulturell prägend wird.

Otto Dix: Der Krieg, 1932, Triptychon, Öl auf Leinwand

Die Stadt, der Staat und der Krieg

Ort der Umwälzung sind die Industriestädte, deren Einwohnerschaft sprunghaft anwächst, während das Land zum bloßen Umland wird. Die Städte sind zugleich der Ort, an dem die Widersprüche der bürgerlichen Gesellschaft offen zutage treten: als Widersprüche der Klassen, der Generationen, der Geschlechter ebenso wie als Widersprüche der Lebensweisen, der Moral, der Moden.

Der moderne Nationalstaat bändigt die sozialen Konflikte und die auseinander driftenden Tendenzen der Modernität. In unterschiedlicher Stellung und Funktion diszipliniert der Staat erst die Bourgeois, dann die Proletarier zu Staatsbürgern, schließlich zu »Volksgenossen«.

Höhepunkt dieser »langen Fülle und Folge von Abbruch, Zerstörung, Untergang, Umsturz« (Nietzsche) ist der Krieg, der zwischen 1914 und 1918 (nicht nur) Europa verwüstet. Mit der fortgeschrittensten Technik geführt, setzt er unzählige Einzelne – schutzlos und massenhaft – dem Tod aus: »Blitz, der in einem Male das Gebilde der neuen Welt hinstellt« (Hegel).

Der Weltkrieg vereint die destruktiven Tendenzen der Moderne und wird zum Geburtshelfer des nachbürgerlichen Individuums. Dieses ist rückhaltlos auf sich vereinzelt und zugleich ausnahmslos zur Masse nivelliert.

Die Avantgarden: die Welt verändern, das Leben ändern

In den ersten zwei Jahrzehnten des 20. Jahrhunderts ist der Möglichkeitsspielraum der Moderne offener denn je. Dies ist der historische Augenblick der Avantgarden.

Die Welt verändern, das Leben ändern

Im Milieu der Bohème wird der Umbruch aller Lebensverhältnisse mit Gewissheit, ja, mit Sehnsucht erwartet. Ab 1905 formieren sich die Avantgarden: Zirkel von Intellektuellen und Künstlern, denen es im Unterschied zur klassischen Bohème nicht nur um philosophische oder ästhetische Neuerungen, sondern um ein neues Leben geht. Nietzsche entlehnen sie die Formeln, unter denen sie ihre kulturrevolutionären Experimente vorantreiben. Die Zweideutigkeiten des freien Geistes prägen sich jetzt zwischen den Avantgarden aus, die sich in ganz Europa verbreiten und jeweils ca. 20 – 50 Mitglieder zählen.

Zwischen den einzelnen Bewegungen bestanden eher fließende Übergänge als definitive Grenzen, die Gruppen beeinflussten sich gegenseitig, nicht zuletzt durch Übertritte einzelner Mitglieder.

»Wir wollen von der Vergangenheit nichts wissen, wir jungen und starken Futuristen! Mögen also die lustigen Brandstifter mit ihren verkohlten Fingern kommen! Hier! Da sind sie! Drauf! Legt Feuer an die Regale der Bibliotheken! Leitet den Lauf der Kanäle ab, um die Museen zu überschwemmen! Oh, welche Freude, auf dem Wasser die alten, ruhmreichen Bilder zerfetzt und entfärbt treiben zu sehen! Ergreift die Spitzhacken, die Äxte und die Hämmer und reißt nieder, reißt ohne Erbarmen die ehrwürdigen Städte nieder!«

Filippo Marinetti, Futurist, 1909

Die Futuristen

Schon im Namen gibt sich das Programm zu erkennen: Die Futuristen bejahen bedingungslos die neueste Zeit und verwerfen die Tradition ohne jeden Rest. Sie liefern sich der Technik, der »Schönheit der Geschwindigkeit«, der Stadt, der Revolution und dem Krieg aus: Wofür gekämpft wird, ist gleichgültig, da der Krieg für sie »die einzige Hygiene der Welt« ist – reine Dynamik, die auflöst, was erstarrt ist. Der Auslieferung an die Zerstörung als solche – »an den Militarismus, den Patriotismus, die Vernichtungstat der Anarchisten, die schönen Ideen, für die man stirbt, die Verachtung des Weibes« – entspricht

Futuristenabend in Mailand. Zeichnung von Umberto Boccioni

die Zerstörung des Sinns schon in der Sprache, die sie auf die »lyrische Fähigkeit« reduzieren, »sich am Leben und an sich selbst zu berauschen« (alle Zitate: Filippo Marinetti, um 1910). Das gemeinsame Bekenntnis zum Umsturz um des Umsturzes willen führt die Futuristen in unterschiedliche Richtungen: Während sich die russischen Futuristen der Oktoberrevolution und später der linken Opposition gegen Stalin anschließen, folgt die italienische Bewegung den Faschisten Mussolinis in den nächsten Weltkrieg.

Die Expressionisten

Sie bleiben dem romantischen Ideal des Künstler-Schöpfers verhaftet und bilden den Gegenpol zu den Futuristen. Technik, Industrie und Stadt begeistern nicht, sondern begründen düstere Szenarien der Entfremdung. Während sich die Futuristen unter Berufung auf Nietzsche ganz in die Dynamik des Nihilismus stellen, wird den Expressionisten – ebenfalls im Namen Nietzsches – die Überwindung des Nihilismus zur Aufgabe. Der Übergang von der Bestandsaufnahme zum Entwurf eines transnihilistischen Lebens endet oft im Idyll, bisweilen im Kitsch. Im Krieg allerdings lösen sich einzelne Expressionisten klar von der romantischen Tendenz der Bewegung: Hierzu zählen Georg Heym, Carl Einstein, Gottfried Benn, Franz Kafka, Max Beckmann, der frühe Bert Brecht.

»Die Ruhe ist gründlich verscheucht aus unserer modernen Welt: äußerlich durch den Kapitalismus, innerlich durch die aufpeitschende Dogmatik Nietzsches. Ihn, den Leitstern unserer jüngsten Vergangenheit, hat man in sehr unkluger Weise als den Mörder Gottes bezeichnet: weil er in Wirklichkeit gar nicht das Göttliche Wesen in seiner Totalität tötete, sondern nur die eine seiner beiden Hälften niederschlug. Die zweite, unendlich kräftigere Hälfte der Göttlichkeit nannte er ›das Leben‹. Seit Nietzsche beherrscht unsere Bewusstheit immer stärker der Trieb: immer weiter um uns zu greifen, immer intensiver und extensiver zu erleben.«

Eckart von Sydow, Expressionist, 1918

»Wenn die dadaistische Bewegung Nihilismus ist, so gehört eben Nihilismus zum Leben, eine Wahrheit, die übrigens von jedem Zoologieprofessor bestätigt werden wird. Relativismus, Dadaismus, Nihilismus. Aktion, Revolution, Grammophon.«

Richard Huelsenbeck, Dadaist, 1920

Die Dadaisten

Die Gründer der Bewegung Dada treffen sich in Zürich, wohin sie vor dem Militärdienst ihrer Nationalstaaten geflohen waren. Die meisten Dadaisten stammen aus der expressionistischen Bewegung, setzen jedoch wie die Futuristen eher auf die Entwertung der alten als auf die Beschwörung neuer Werte. Richard Huelsenbeck zufolge sieht »der Dadaist instinktmäßig seinen Beruf darin, den Deutschen ihre Kulturideologie zusammenzuschlagen« (1920). Konsequent brechen sie mit den traditionellen künstlerischen Ausdrucksmitteln. Wichtiger sind ihnen ihr antibürgerliches Alltagsleben, die Nächte der Bars und Cabarets, die kollektiv durchgeführte öffentliche Provokation, die Verbreitung von Manifesten und Zeitschriften in z.T. hohen Auflagen. Von den Futuristen trennt sie die entschiedene Ablehnung des Staates, der Arbeit und des Krieges.

Dadaistisches Gedicht, vorgetragen von Hugo Ball, 1916

Die Surrealisten

Sie spalten sich vom französischen Flügel der Dadaisten ab. Ihnen genügt die Negativität Dadas nicht, der nihilistischen Gegenwart setzen sie den Glauben »an die künftige Auflösung dieser scheinbar so gegensätzlichen Zustände von Traum und Wirklichkeit in einer Art absoluter Realität: Surrealität« entgegen (André Breton, 1924). Obwohl sie wie die Expressionisten Künstler bleiben, setzen sie politisch auf die Einheit von existenzieller Revolte und sozialer Revolution; die dabei gewonnenen Erfahrungen verhindern das expressionistische Abgleiten ins Idyll. Dabei berufen sie sich auf Rimbaud – und auf Marx: »Die Welt verändern, hat Marx gesagt;

das Leben ändern, hat Rimbaud gesagt: Diese beiden Losungen sind für uns eine einzige.« (Breton, 1935)

Dada anti Dada

Der Unterschied zwischen Dadaisten und Surrealisten wird im Mai 1921 öffentlich. Die späteren Surrealisten führen damals einen öffentlichen »Schauprozess« gegen den Schriftsteller Maurice Barrès durch. Dieser hat sich vom nietzscheanischen Bohemien zum antisemitischen Nationalisten gewandelt. Die provokatorische Aburteilung Barrès' im Namen einer höheren revolutionären Einsicht ruft den Protest anderer Dadaisten, vor allem Tristan Tzaras und Francis Picabias, hervor. Nicht, dass sie Barrès' Wandlung verteidigen wollten: Aber die Inanspruchnahme eines scharfrichterlichen Amtes durch die Breton-Gruppe ist ihnen ebenso fremd, sie beharren auf der Negativität der existenziellen Revolte. Der Streit endet unentschieden. Breton kann Tzara und Picabia vorwerfen, dass ihre wiederholten Provokationen leer, die »reine« Revolte bequem geworden sind: Stoff fürs Varieté. Tzara und Picabia beharren umgekehrt darauf, dass die »höheren Wirklichkeiten« Bretons selbstfabrizierte Ideale bleiben: verspätete Romantik, die zur Gründung einer Sekte – oder zur Anerkennung durch die offizielle Kultur – taugt.

Dieses Unentschieden ist die äußerste Position, die der historische Avantgardismus erreicht. Genau hier knüpft die Existenzphilosophie an.

»Die Zeit komme, da sie das Ende des Geldes dekretiert und allein das Brot des Himmels für die Erde bricht. Es wird noch Versammlungen auf den öffentlichen Plätzen geben und Bewegungen, an denen teilzunehmen ihr nicht zu hoffen gewagt habt. Schluss mit dem absurden Auswählen von Dingen, den Träumen vom Abgrund, den Rivalitäten, Schluss mit der langen Geduld, der Flucht der Jahreszeiten, der künstlichen Ordnung der Ideen, dem Schutzwall vor der Gefahr, der Zeit für alles! Man gebe sich doch nur Mühe, die Poesie zu praktizieren! Ist es nicht an uns, die wir bereits davon leben, zu versuchen, dem größere Geltung zu verschaffen, was am meisten für uns zeugt?«

André Breton, Surrealist, 1924

Die im Streitfall »Dada anti Dada« verhandelte Frage – bleibt die existenzielle Revolte nihilistisch, oder überschreitet sie den Nihilismus auf ein ganz Anderes hin? – ist den Avantgarden und der Existenzphilosophie gemeinsam: Erbe, das beide von Nietzsche übernehmen.

Existenz als Transzendenz: Martin Heidegger

Mit Heidegger kehrt der Existenzialismus zur Philosophie und zur begrifflichen Schwere der »ersten und letzten Fragen« zurück: zum Sein, zum Nichts und zum Tod.

Phänomenologie der Existenz

»Das ›Wesen‹ des Daseins liegt in seiner Existenz. Die an diesem Seienden herausstellbaren Charaktere sind daher nicht vorhandene ›Eigenschaften‹ eines so und so ›aussehenden‹ vorhandenen Seienden, sondern je ihm mögliche Weisen zu sein und nur das.«

Martin Heidegger, 1927

Seit den Junghegelianern hatte die revoltierende intellektuelle Jugend die herrschenden Institutionen der Kultur verlassen. Dies ändert sich in den 20er Jahren. Die Universitäten wenden sich der Krise der Moderne zu, Marx, Kierkegaard und Nietzsche werden zum Thema akademischer Seminare. Was sie in poetischer oder polemischer Sprache formulierten, wird ins Vokabular der Philosophen, bald auch in Doktorarbeiten »übersetzt«.

Eine wichtige Rolle spielt dabei die Bewegung der *Phänomenologen* (von griech. *phainomenon*, sinnliche Erscheinung, zu *phainein*, sichtbar machen). Deren Gründer Edmund Husserl (1859–1938) wollte die philosophische Erkenntnis von den Begriffskonstruktionen der früheren Philosophie und zugleich vom Rationalismus der modernen Wissenschaften befreien. Die Phänomenologie sollte zur Philosophie der gelebten Erfahrung werden, sollte nachweisen, wie die wissenschaftliche Erkenntnis, aber auch die moralischen, politischen oder religiösen Überzeugungen aus der alltäglichen Lebenswelt herrühren. Die von Husserl angestrebte Rückkehr zur Lebenswelt darf aber nicht als antiintellektuelle Parteinahme für den »gesunden Menschenverstand« missverstanden werden. Vielmehr wollten er und seine Schüler zeigen, wie die Irrtümer der Wissenschaft auf Selbsttäuschungen des Alltagslebens beruhen.

Gemeinsam mit Karl Jaspers (1883–1969), der 1920 Professor für Philosophie in Heidelberg wurde, begründet Martin Heidegger (1889–1976) die Phänomenologie

»Die Existenz wird in der Weise des Ergreifens oder Versäumens nur vom jeweiligen Dasein selbst entschieden. Die Frage der Existenz ist immer nur durch das Existieren selbst ins Reine zu bringen.«

Martin Heidegger, 1927

Martin Heidegger 1925/26. Zeichnung von Hans Jonas

der Existenz. Unter ärmlichen Verhältnissen aufgewachsen, studiert der tief gläubige Heidegger zunächst katholische Theologie. Bald schon vertieft er sich in philosophische Studien, wird Schüler Husserls. Schockiert von der Lektüre Kierkegaards und Nietzsches, bricht Heidegger mit der Religion; Philosophie wird ihm jetzt zu einem »zu sich selbst Zurückreißen des Lebens«, das notwendig zur »Handaufhebung gegen Gott« führt (1922). 1927 erscheint sein Hauptwerk *Sein und Zeit*, ein Jahr später wird er als Nachfolger Husserls Professor in Freiburg. Sein Buch und seine Lehre werden schlagartig berühmt: Von überall her strömen Studentinnen und Studenten der Philosophie nach Freiburg.

Sein und Zeit

Zunächst folgt Heidegger Husserl. Doch während Husserl die Grundbegriffe der philosophischen Überlieferung übernahm, ersetzt Heidegger diese Begriffe durch

»Die Grundbegriffe, die Heidegger verwendet, erfassen die Fakten der Lebensbewegung des Menschen zwischen Geburt und Tod, so wie sie vor und außerhalb bestimmter Wissenschaften gegeben sind. Daher fundiert im Heidegger'schen Anspruch die Ebene der existenziellen Verfassung alle anderen Formen der menschlichen Praxis; etwa so, wie die ökonomische Basis der Gesellschaft bei Marx alle weiteren ›Überbauten‹ durchherrscht und bestimmt. So wie bei Freud die sexuelle Basis und das Unbewusste konstitutiv für alle Leistungen und Defizite sind.«

Thomas Rentsch, 1989

Ausdrücke, die er vor allem bei Kierkegaard findet. So verwendet er anstelle des traditionellen Begriffs des *Subjekts** Kierkegaards Begriffe der Existenz, des Daseins, des Selbstes, der Sorge und des Seins zum Tode. Dabei löst er sie vom christlichen Kontext ab und formalisiert sie zu Existenzialien. Darunter versteht er Begriffe, welche die Lebens- bzw. Existenzweisen beschreiben, in denen sich die Existenz zu sich selbst, zu den anderen und zur Welt verhält. *Existenzial** verstanden sind solche Lebensweisen keine »Tatsachen« in der Welt oder in meinem Leben: Dass ich in der Welt bin und mich darin zu mir, den anderen und der Welt verhalte, ist vielmehr die Form der Erfahrung und des Lebens selbst, in der mir Tatsachen überhaupt begegnen können.

In der gelebten Erfahrung des Daseins will Heidegger schließlich die Antwort auf die Frage nach dem Sinn von Sein finden. Für die früheren Philosophen bestimmte sich der Sinn von Sein stets von einem »Höchsten Wesen« bzw. einem »Höchsten Seienden« her: Idee, Substanz, Gott, Geist, Vernunft, Subjekt, Mensch. Für Heidegger ist dies der im Kern theologische Grundfehler der bisherigen Philosophie, und nicht nur der Philosophie, sondern überhaupt der gesamten europäischen Rationalität – einschließlich des »gesunden Menschenverstandes«.

Das Sein zum Tode

In der lebendigen Erfahrung der Existenz beantwortet sich die Frage nach dem Sinn von Sein Heidegger zufolge nicht von einem »Höchsten Wesen« her, sondern im Sein zum Tode. Darunter versteht er nicht die Tatsache, dass irgendwann jeder und jede einmal ableben wird, sondern ein Existenzial, d. h. eine Form des Lebens selbst. Ungefragt in die Welt »geworfen«, »entwirft« sich das Dasein auf Lebensmöglichkeiten hin, die immer schon vom Tod überholt sind: Zwischen dem Abgrund seiner ungewollten Geburt und dem Abgrund des Todes, der es vernichten wird, bedeutet Dasein nichts als das »nichtige Grundsein einer Nichtigkeit« (1927).

Vor dieser ebenso lapidaren wie pathetischen Antwort auf die eigenste Seinsfrage fliehen die meisten in den geregelten Alltag ihrer Vergesellschaftung. Hier lebt, fühlt und denkt man so, wie man leben, fühlen und denken soll: »Jeder ist der Andere und keiner er selbst.« Mit der Flucht unter die »Diktatur der Öffentlichkeit« gewinnt man ein gesellschaftlich anerkanntes Sein, das zum allgemeinen und insofern unendlichen Grund der zuerst (Geburt) und zuletzt (Tod) grund-losen Existenz wird. Damit wird die tatsächliche Ab-Gründigkeit des Existierens aus der Erfahrung getilgt: Die dem »Man-Selbst« einverleibte gesellschaftliche Norm ist die mächtigste Ideologie, die Ideologie der »durchschnittlichen Alltäglichkeit«.

Nur wenige halten *existenziell** der *existenzialen* Antwort auf die Seinsfrage stand und leben ihr Dasein als »Transzendenz ins Nichts« (von lateinisch *transcendere*, überschreiten). In dieser Formulierung wird deutlich, wie sehr Heidegger als »abtrünniger Theologe« philosophiert. In der Theologie ist *Transzendenz** die eigentliche Wesensbestimmung Gottes: Gott allein existiert un-endlich, außerhalb und über der endlichen Welt. Im Glauben an Gott löst sich der Gläubige von seiner Verfallenheit an die Welt, um sich zur Unendlichkeit – zu Gott – zu erheben. Bei Heidegger transzendiert stattdessen allein das sich bewusst seinem Tod konfrontierende Selbst die Welt, um in der Erschütterung der Todesangst sein nichtiges »Eigentum«, seine *Eigentlichkeit** zu erfahren. Von allen Bindungen befreit, teilt das eigentliche Selbst die tiefe Weltfremdheit der gläubigen Existenz und ist fortan nur insoweit in der Welt und unter den anderen, als es stets und entschieden darum weiß, »ein Fremdes auf Erden« (G. Trakl) zu sein.

»Nur das Freisein für den Tod gibt dem Dasein das Ziel schlechthin und stößt die Existenz in ihre Endlichkeit. Wenn das Dasein vorlaufend den Tod in sich mächtig werden lässt, versteht es sich, frei für ihn, in der eigenen Übermacht seiner endlichen Freiheit, um in dieser, die je nur ›ist‹ im Gewählthaben der Wahl, die Ohnmacht der Überlassenheit an es selbst zu übernehmen und für die Zufälle der erschlossenen Situation hellsichtig zu werden.«

Martin Heidegger, 1927

Am »Leitfaden des alltäglichen In-der-Welt-Seins« wird Heideggers Phänomenologie zur existenziellen Ideologiekritik: Ideologie ist, was von der »Wahrheit der Existenz« ablenkt, die sich im Sein zum Tode offenbart.

Die Existenz, der Führer, die Gemeinschaft

1927 nur dem Sein zum Tode verpflichtet, schließt sich Heidegger 1933 den Nazis an. Trotz der »Kehre«, mit der er philosophisch auf seinen Irrtum reagiert, findet er aus diesem Schatten nie wieder heraus.

Den Führer führen

1931 veröffentlicht Karl Jaspers mit der Schrift *Stichworte zur geistigen Situation der Zeit* ein Manifest, das die bis dahin strikt antipolitisch ausgerichtete Existenzphänomenologie mit einem autoritären Nationalismus verbindet. Jaspers schließt an die antibürgerliche Verachtung der »Menge« bei Kierkegaard und Nietzsche an, verkehrt allerdings die Außenseiterposition des freien Geistes in einen politischen Führungsanspruch: Wenn die Gesellschaft aus der zur Freiheit unfähigen »Menge« und der existenziellen Elite der eigentlich Existierenden besteht, ist nur konsequent, wenn sich diese an die Spitze des Staates stellen. Für diesen aber gilt dasselbe, was auch vom Einzelnen gilt: Da es ein allgemeines Wesen des Menschen nicht gibt, stehen die einzelnen Staaten für sich allein und – gegebenenfalls – gegeneinander.

»Europa liegt in der Zange zwischen Russland auf der einen und Amerika auf der anderen Seite. Russland und Amerika sind metaphysisch gesehen dasselbe; dieselbe trostlose Raserei der entfesselten Technik und der bodenlosen Organisation des Normalmenschen. Die Verdüsterung der Welt, die Flucht der Götter, die Zerstörung der Erde, die Vermassung des Menschen, der hassende Verdacht gegen alles Schöpferische und Freie hat ein Ausmaß erreicht, dass Pessimismus und Optimismus lächerlich geworden sind. Unser Volk erfährt als in der Mitte stehend den schärfsten Zangendruck, das gefährdetste Volk und in all dem das metaphysische Volk.«

Martin Heidegger, 1935

Heidegger geht noch weiter als Jaspers, wird 1933 Rektor der Universität Freiburg und beginnt sofort, den Lehrbetrieb nach dem autoritären Prinzip von Führer und Gefolgschaft zu reorganisieren. An der Nazi-Bewegung fasziniert ihn die revolutionäre Rhetorik, der im Führerprinzip artikulierte Kult des »großen Individuums« und der Bruch mit der »Geistlosigkeit« sowohl des »amerikanischen« Liberalismus wie des »russischen« Kollektivismus. Vor allem aber sieht er im nationalsozialistischen Staat die Macht, die den nihilistischen Vergesellschaftungsprozess der Moderne bändigt, indem sie ihn »heroisch« als »Schicksal« akzeptiert und

»geistig gestaltet«. So glaubt er, der Lehre Nietzsches zu folgen, nach der der Nihilismus nur überwunden werden kann, wenn er konsequent zu Ende geführt wird. In Wiederaufnahme bestimmter Fantasmen Nietzsches will er zum »geistigen« Führer der Staatsführung werden, von deren biologistischer Rassenideologie er sich – wiederum im Namen des Geistes – offen distanziert.

Die Kunst der Entschlossenheit

Als die Nazis 1934 ihre Kampforganisation SA auflösen und deren Chefs ermorden, glaubt sich auch Heidegger gefährdet. Er legt das Rektorat nieder und zieht sich aus der Hochschulpolitik zurück; eine groß angekündigte Nietzsche-Vorlesung wird verschoben, später in kritischer Tendenz fortgeführt. Dabei projiziert er seine Politik auf Nietzsche, dem er jetzt vorwirft, den Nihilismus nicht durchschritten, sondern nur fortgeführt zu haben. Dieses Verfahren behält er im Spätwerk der Nachkriegszeit bei, in dem er philosophisch nicht nur mit der Nazi-Ideologie, sondern überhaupt mit jeder Form des Herrschaftswissens bricht, ohne ein Wort zur eigenen Verantwortung zu verlieren – keine Erklärung, kein Bedauern.

Aus demselben Grund hat Heidegger auch nie erklärt, wie es zu diesem bestürzenden Irrtum kommen konnte, der damals gerade seine engsten Schüler Hannah Arendt, Hans Jonas, Karl Löwith und Herbert Marcuse entsetzte. Immerhin führte die in der Todesangst errungene und ausgehaltene existenziale Wahrheit noch in *Sein und Zeit* zur entschieden antipolitischen Einsamkeit des eigentlichen Selbst, in der Heidegger bis in die Wortwahl Stirner folgte: »Die ›Welt‹ vermag nichts mehr zu bieten, ebenso wenig das Mitdasein anderer. Die Angst wirft das Dasein auf das zurück, worum es sich ängstet, sein eigentliches In-der-Welt-sein-Können, das es einzig von ihm selbst her als vereinzeltes in der Vereinzelung sein kann.« (1927) Im Unterschied zum Man-Selbst des vergesellschafteten Lebens sollte das eigentliche Selbst sein Handeln gerade nicht auf die Normen der Gesellschaft, sondern nur auf die Ab-Gründigkeit seiner existenziellen

»Mit dem Phänomen der Entschlossenheit wurden wir vor die ursprüngliche Wahrheit der Existenz geführt. Was bedeutet dann die solcher Entschlossenheit zugehörige Gewissheit? Sie soll sich in dem durch den Entschluss Erschlossenen halten. Dies besagt aber: sie kann sich gerade nicht auf die Situation versteifen, sondern muss verstehen, dass der Entschluss frei und offen gehalten werden muss für die jeweilige faktische Möglichkeit. Die Gewissheit des Entschlusses bedeutet: Sich-frei-Halten für seine mögliche und faktisch je notwendige Zurücknahme. Das zur Entschlossenheit gehörende Für-wahr-Halten tendiert darauf, sich ständig, das heißt für das ganze Sein-Können des Daseins freizuhalten.«
Martin Heidegger, 1927

Alberto Giacometti: Die Waldlichtung (Komposition mit neun Figuren), 1950, Bronze

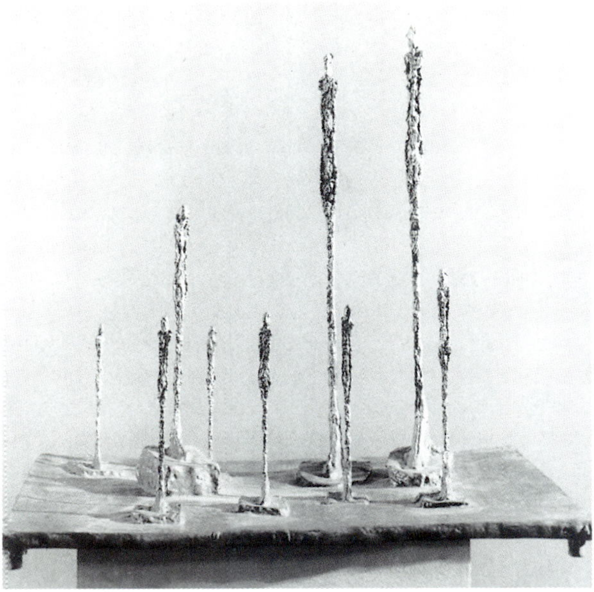

Entscheidung stützen. Dabei hatte Heidegger die von Stirner, Kierkegaard und Nietzsche begründete Kunst der Entscheidung konsequent zur Kunst ihrer Rücknahme fortentwickelt. Die Freiheit des eigentlichen Selbst sollte vor allem auch eine Freiheit gegenüber den selbst gewählten Bindungen und insofern die Fähigkeit sein, sich »ständig freizuhalten«. Dergestalt sollte das eigentliche Selbst sein Dasein in einer Schwebe der Unbestimmtheit leben, in der es sich nicht nur von den Normen der Gesellschaft, sondern jederzeit auch von den eigenen lösen konnte. Mit einem solchen existenziellen Anarchismus aber war gerade kein Staat zu machen, im Gegenteil: Wie bei Stirner bestimmte sich das eigentliche Selbst eher zum »Verbrecher im Staate«.

Eigentliches Selbst und eigentliches Mitsein

Doch die anarchische Einsamkeit des eigentlichen Selbst war schon in *Sein und Zeit* nicht die letzte Antwort Heideggers. Denn das eigentliche Selbst muss sich ja gerade deshalb zuerst vom Man-Selbst lösen, weil das »Mitsein mit anderen« keine zufällige Tatsache in der Welt, sondern ein Existenzial, d. h. eine Form des Lebens schlechthin, ist: »Zunächst ›bin‹ nicht ›ich‹ im Sinne des eigenen Selbst, sondern die Anderen in der Weise des Man. Aus diesem her und als dieses werde ich mir selbst zunächst gegeben.« (1927) Wenn das Mitsein nun aber zur Existenz selbst gehört, dann muss es auch eine Eigentlichkeit des Mitseins geben. Da diese nicht aus der »Diktatur der Öffentlichkeit«, sondern nur aus dem eigentlichen Selbst der Einzelnen bestimmt werden kann, muss die im Sein zum Tode übernommene Eigentlichkeit des einzelnen Daseins mit einer möglichen Eigentlichkeit »der Gemeinschaft, des Volkes« vermittelt werden können.

Sechs Jahre nach *Sein und Zeit* glaubt Heidegger diese Vermittlung in der »nationalsozialistischen Revolution« verwirklicht, die er deshalb als »völlige Umwälzung unseres deutschen Daseins« interpretiert. So absurd diese Wahl auch ist: Ihre philosophische Vorbereitung war – im Rahmen der Phänomenologie, nicht der Politik! – konsequent und begründet. Insofern steht die Antwort auf die Frage nach dem eigentlichen Mitsein noch immer aus. Sie finden zu wollen, setzt zuallererst die Kritik der Heidegger'schen Wahl voraus.

»Jeder Nationalismus ist metaphysisch ein Anthropologismus und als solcher Subjektivismus. Der Nationalismus wird durch den bloßen Internationalismus nicht überwunden, sondern nur erweitert und zum System erhoben. Der Nationalismus wird dadurch so wenig zur Humanitas gebracht und aufgehoben wie der Individualismus durch den gesichtslosen Kollektivismus. Dieser ist die Industriegesellschaft als das maßgebende Subjekt – und das Denken als ›Politik‹.«

Martin Heidegger, 1949

Das Desaster von 1933 bestimmt die Fortentwicklung des Existenzialismus, der von nun an nach den Bedingungen sucht, unter denen eine freie Beziehung zum Anderen möglich wird.

Die Moral der Existenz: Jean-Paul Sartre

Im Zweiten Weltkrieg wiederholt Jean-Paul Sartre (1905–1980) die Frage, ob die subjektive Freiheit nihilistisch bleiben muss oder den Nihilismus überschreiten kann. Seine Antwort bindet die Freiheit an die Freiheit des Anderen.

»Der Existenzialismus ist nicht ein Atheismus in dem Sinne, dass er sich erschöpfte in dem Beweis, Gott existiere nicht. Selbst wenn es Gott gäbe, würde das nichts ändern. Der Mensch muss sich selber finden und sich überzeugen, dass ihn nichts vor ihm selber retten kann, wäre es auch ein gültiger Beweis der Existenz Gottes.«

Jean-Paul Sartre, 1946

Wie man lebt, was man denkt

Wirkungsgeschichtlich ist Sartre der wichtigste Philosoph des Existenzialismus. Obwohl er sein Studium an der Eliteschule Ecole Normale Supérieure 1929 als Jahrgangsbester abschließt, verzichtet er auf die akademische Karriere, wird zunächst Gymnasiallehrer in Le Havre. Der »Job« soll ihm die Möglichkeit geben, sich seiner eigentlichen Leidenschaft zu widmen – der Literatur. Gleichzeitig setzt er seine philosophischen Studien fort, reist nach Deutschland, um dort Hegel, Husserl und Heidegger zu studieren. Das Ergebnis findet sich in den über 1000 Seiten seines Hauptwerks *Das Sein und das Nichts* (1943). Dessen größter Teil entsteht in den Pariser Cafés, in denen er jeden Tag mehrere Stunden verbringt. Zu Philosophie und Literatur tritt in den 30er Jahren das politische Engagement hinzu, in dem Sartre von Jahr zu Jahr radikaler wird, um schließlich zum Wortführer des Mai '68 zu werden. Bis zu seinem Tod ist er der Lebensgefährte von Simone de Beauvoir, ihr außergewöhnliches Liebesverhältnis ist nicht weniger als Philosophie, Literatur und Politik Teil ihres gemeinsam gelebten Existenzialismus.

Sartres wesentliche philosophische Lehre liegt in der abgründigen Freiheit einer Existenz, die nur der eigenen *authenticité* verpflichtet ist. Dabei birgt die *Authentizität** Sartres – wie das *Eigentum* Stirners und die *Eigentlichkeit* Heideggers – dem Wortsinn nach ein Paradox. Authentisch lebt, wer versteht, dass es im Existieren nichts fraglos »Authentisches«, sondern nur die subjektive Freiheit und die Kontingenz ihrer Situation gibt (von lateinisch *contingere*, sich ereignen; Zufälligkeit des Existierenden im *Dass*, nicht im *Was* der Existenz): »Die menschliche Freiheit geht dem Wesen des Menschen voraus und macht dieses möglich, das Wesen des menschlichen Seins steht in seiner Freiheit aus.«

»Wenn wir sagen, dass der Mensch für sich selbst verantwortlich ist, so wollen wir nicht sagen, dass der Mensch gerade eben nur für seine Individualität verantwortlich ist, sondern dass er verantwortlich ist für alle Menschen.«

Jean-Paul Sartre, 1946

Der Kampf um Anerkennung

Im Entwurf einer Moral der Eigentlichkeit geht Sartre den entscheidenden Schritt über den bisherigen Existenzialismus hinaus. Für ihn liegt das Drama des Existierens nicht nur in der Kontingenz des Daseins, sondern auch in der nicht minder kontingenten Begegnung mit dem Anderen. Dabei geht er auf Hegels *Phänomenologie des Geistes* (1807) zurück. Dort zeigt Hegel, dass ein Bewusstsein der Freiheit nur gewinnt, wer sich einem anderen entgegensetzt, um von ihm als freies Selbstbewusstsein anerkannt zu werden. Die Anerkennung

Jean-Paul Sartre mit Simone de Beauvoir im Café

»Um irgendwelche Wahrheit über mich zu erfahren, muss ich durch den andern hindurchgehen. Der andere ist meiner Existenz unentbehrlich, ebenso sehr wie er der Erkenntnis, die ich von mir selbst habe, unentbehrlich ist. Unter diesen Bedingungen enthüllt die Entdeckung meines Innersten mir gleichzeitig den andern, als eine mir gegenübergestellte Freiheit, die nur für oder gegen mich will. Somit entdecken wir sofort eine Welt, die wir Intersubjektivität nennen wollen, und in dieser Welt entscheidet der Mensch, was er ist und was die anderen sind.«

Jean-Paul Sartre, 1946

vollzieht sich zunächst als Kampf um Leben und Tod. Mit diesem Kampf beginnt die Geschichte: Herr wird, wer todesbereit sein Leben »daransetzt«, Knecht wird, wer das Überleben dem möglichen Tod im Kampf vorzieht. Im Fortschritt der Vergesellschaftung unterliegt der Herr den Knechten: Während er von der Anerkennung der Knechte abhängig bleibt, die er verachtet, streben diese nach der Allgemeinheit der Anerkennung, die sie schließlich in der Gleichheit der Staatsbürger verwirklichen.

Sartre übernimmt »Hegels geniale Intuition«, verschiebt sie jedoch aus dem Feld der Gesellschaft – wie ist allgemeines und gleiches Selbstbewusstsein möglich? – ins Feld der Existenz: Wie kann meine einzige Existenz von den anderen nicht in dem, was sie mit ihnen teilt, sondern in ihrer ›Einzigkeit‹ anerkannt werden? Dabei erhebt er den Kampf um Anerkennung zum Existenzial, d. h. zur Form des Lebens schlechthin. Konsequent verwirft er die Möglichkeit einer Aufhebung des »Skandals der Pluralität der Bewusstseine« und beharrt darauf, dass »der Konflikt der ursprüngliche Sinn des Für-Andere-Seins« bleibt. Unter den Zwängen der Vergesellschaftung kann Anerkennung nie von Dauer sein: »Die Hölle, das sind die andern«, schreibt Sartre im Drama *Geschlossene Gesellschaft* (1945). In *Das Sein und das Nichts* gibt es im Bezug zum Anderen nur zwei mögliche Haltungen; die eine wird unter dem Titel *Die Liebe, die Sprache, der Masochismus*, die andere unter dem Titel *Die Gleichgültigkeit, die Begierde, der Hass, der Sadismus* beschrieben.

Jean-Paul Sartre

Was tun?

Gerade aufgrund seiner Unauflöslichkeit wird der Kampf um Anerkennung zum Kern der existenzialistischen Moral, die Sartre 1946 in dem Vortrag *Der Existenzialismus ist ein Humanismus?* entwirft. Zwar gilt auch für Sartre, dass die Existenz ihre Freiheit »in Verlassenheit« ausübt: Weder Gott noch die Natur, noch die gesellschaftliche Vernunft können ihr eine unbedingte Verpflichtung auferlegen, der Mensch ist schlichtweg »nichts anderes als wozu er sich macht.« (1946) Dies besagt aber nicht, dass es keine Moral gibt. Im Gegenteil: Da nichts und niemand mir meine Freiheit nehmen kann, bin ich gerade dann für meine Wahlen verantwortlich, wenn ich keinen allgemeinen Grund, sondern nur die Kontingenz meines Daseins für sie anführen kann. Da existenzial, d. h. in der Form des Lebens schlechthin, jeder und jede frei ist, steht meine Freiheit zugleich für die Freiheit aller. Wie immer ich mich entscheide, wozu ich mich auch entschließe, als authentische Wahl wird meine Entscheidung gerade in ihrer Einzigkeit exemplarisch sein müssen: moralische Antwort auf die Frage nach dem Sinn von Sein und dem Sein des Menschen.

»Moralisch« besagt hier allerdings nur: Ich muss in jeder meiner Wahlen, mit allem, wozu ich mich entschließe, die subjektive Freiheit wollen, und zwar so, dass sie sich im Sinn meiner Wahl konkretisiert. Und: Ich muss mit der meinen die Freiheit aller wollen.

Die existenzialistische Moral zielt folglich auf nichts als die ausdrückliche Anerkennung des »Skandals der Pluralität der Bewusstseine« und folglich auf die Bereitschaft, sich authentisch dem existenziellen Konflikt als der Form des Lebens zu stellen, in der die Freiheit gesellschaftlich kommuniziert werden kann: »Man wählt im Angesicht der andern, und man wählt sich im Angesicht der andern.« Die soziale Form dieses Kampfs der Freiheiten kann nur eine permanente Revolution sein.

»Sartres Ansatz in der nihilistischen Situation der Existenz als Freiheit steht wohl auf der schmalsten Basis, die sich denken lässt, wenn von ihr aus die ethische Dimension der Existenz aufgeklärt werden soll. Dieser Ansatz hat jedoch – im Horizont der Wirkungsgeschichte Nietzsches – seine eigene geschichtliche Evidenz.«

Helmut Fahrenbach, 1970

Die existenzielle Differenz bleibt auch bei Sartre das letzte Wort des Existenzialismus und ist doch erst jetzt, erst im Angesicht der Anderen, in ihrer – vielleicht unauflöslichen – Tragik verstanden.

Die Existenz und das Absurde: Albert Camus und Emile Cioran

Während Heidegger und Sartre den Existenzialismus in die Philosophie zurückführen, beschränken sich Camus und Cioran bewusst auf die Prosa der Alltagssprache.

»Das Absurde entsteht aus dieser Gegenüberstellung des Menschen, der fragt, und der Welt, die vernunftwidrig schweigt. Das dürfen wir nicht vergessen. Das Irrationale, das Heimweh des Menschen und das Absurde, das sich aus ihrem Zwiegespräch ergibt, sind die drei Figuren des Dramas, das notwendigerweise mit der ganzen Logik enden muss, deren eine Existenz fähig ist.«

Albert Camus, 1942

Sinn, Unsinn, Widersinn

Zu den Pariser Existenzialisten zählen auch die Schriftsteller Camus (1913–1960) und Cioran (1911–1995). Camus wächst als Kind armer französischer Kolonisten in Algerien auf und schließt sich nach der Besetzung Frankreichs durch die Nazis der *Résistance* an. Cioran stammt aus Rumänien, von wo er über Berlin nach Paris zieht, um eine Doktorarbeit über Nietzsche zu schreiben. 1951 bricht Camus nach einem heftigen Streit mit Sartre; er stirbt 1960 bei einem Autounfall. Cioran lebt arm und zurückgezogen in einer einfachen Dachwohnung; einen mit 300 000 Franc dotierten Literaturpreis weist er 1988 mit der höhnischen Bemerkung zurück, eine solche Ehrung sei mit seinem Denken und Schreiben unvereinbar.

Camus' *Mythos von Sisyphos* (1942) und Ciorans *Lehre vom Zerfall* (1949) setzen den antiphilosophischen Stil Kierkegaards und Nietzsches fort. In beiden Büchern ist der Selbstmord das einzig ernst zu nehmende philosophische und existenzielle Problem; in der Entscheidung, ob das Leben sich lohnt, fällt die Entscheidung über die individuelle Existenz und den universellen Sinn von Sein.

Weil der Selbstmord die Sinnlosigkeit von Sein und Existenz und die Nutzlosigkeit des alltäglichen Leidens

Alberto Giacometti: Die Hand, 1947, Bronze

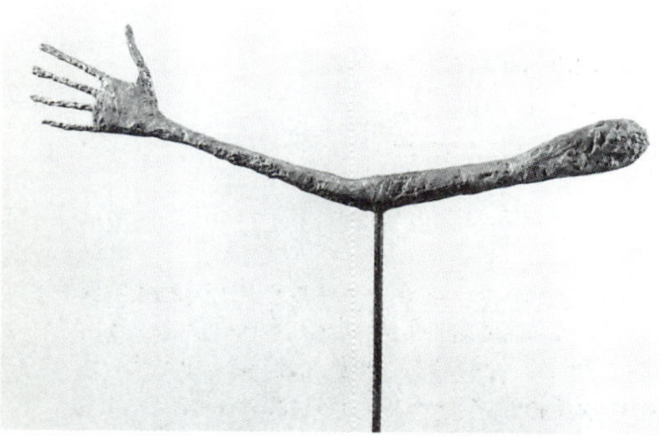

bezeugt, scheint er der konsequenteste Akt der Revolte zu sein. Für Camus aber ist die revoltierende Existenz nicht der Tatsache des Unsinns, sondern der Konstellation des Widersinns (frz. *absurdité*) konfrontiert. In dieser gehört das *Absurde** weder der Existenz noch der Welt zu: Es entspringt immer neu dem Widerspruch zwischen dem Sinnverlangen der Menschen und dem Fehlen eines unbedingten Sinns in der Welt.

»Wir sind Beamte der Zeit, Angestellte der Atmung, Würdenträger der Hoffnung. Glieder eines amtlichen Alls, nehmen wir alle den uns angewiesenen Platz darin ein, gehorchen dem Mechanismus eines starren Geschicks. Alles wird euch verziehen, vorausgesetzt, dass ihr einen Beruf ausübt, dass eurem Namen ein Untertitel folgt, dass euer Nichts ein Siegel trägt. Keiner ist kühn genug, um auszurufen: ›Ich will nichts tun!‹. Einem Mörder gegenüber ist man nachsichtiger als gegenüber einem Geist, der sich von allem Tun losgesagt hat.«

Emile Cioran, 1949

Revolte und Resignation

Sofern der Selbstmord dieses Verlangen auslöscht, stellt er für Camus einen Verrat an der Revolte dar: »Den Widerspruch des Lebens leugnen, die Revolte des Bewusstseins widerrufen, heißt, dem Problem aus dem Weg gehen. Leben heißt: das Absurde leben lassen. Das Absurde leben lassen heißt: ihm ins Auge sehen.« (1942)

Obwohl die Konstellation des Absurden auch bei Cioran den Ursprung der Revolte bildet, weist er die kaum merkliche Wendung zurück, mit der Camus aus ihr einen Grund zum Weiterleben machen will. Für Cioran bleibt die Revolte eine Subversion der »Daseinsverpflichtung«, die den Kern des vergesellschafteten Lebens bildet: »Aufrührerisch ist nur der Geist, der die Pflicht des Existierens in Frage stellt. Alle anderen, zuvörderst der Anarchist, schließen den Pakt mit der herrschenden Ordnung.« (1969) Die Zurückweisung der »Daseinsverpflichtung« aber kann nichts gebieten – nicht einmal den Selbstmord. So gewinnt die Existenz in der Revolte nur, was Cioran mit einem auch für Camus wichtigen Ausdruck als *lucidité* bezeichnet: Klarsicht. In der Klarsicht aber gehen Revolte und Resignation ineinander über: »Man lebt nur dank einem Mangel an Wissen. Sobald man weiß, passt man mit nichts mehr zusammen.« (1964)

Ciorans Resignation bezeichnet den Nullpunkt der existenziellen Revolte: Von allem enttäuscht, was ist und was werden könnte, bleibt sie eine Möglichkeit, die jeder und jedem jederzeit offen steht.

Der Existenzialismus von St-Germain-des-Prés

Nach dem Krieg überschreitet der Existenzialismus die Grenzen der Philosophie und liefert einer Jugend, die sich mit der Restauration der bürgerlichen Kultur nicht abfinden will, die Formeln der Revolte.

»Uns kotzt die röchelnde Seichtheit eurer Predigten an, denn eure Predigten sind der schmierige Dünger für die Kriegsfelder Europas. Geht hinaus in die tragische Wüste, die herrliche Erde, auf der Gott tot ist, und mischt von neuem die Erde mit euren nackten Händen, euren Händen des Stolzes, euren Händen ohne Gebete. Heute, am Ostersonntag des Heiligen Jahres, hier im Zeichen der Basilika der Notre Dame de Paris, erklären wir den Tod des Christengottes, um endlich den Menschen leben zu lassen.«

Serge Bernard (25), Ghislain de Marbais (21), Michel Mourre (22), Jean Rullier (25): Rede von der Kanzel der Kathedrale Notre Dame, 9. April 1950

Die Philosophie der rive gauche

Die radikale Wandlung, die der Existenzialismus in Frankreich erfährt, stellt eine Antwort auf die Erfahrung des Zweiten Weltkriegs dar. Die elitäre Haltung, die Jaspers und Heidegger zur Rechten geführt hatte, war durch Krieg und Nazi-Diktatur kompromittiert; wer an die Existenzphänomenologie anschließen wollte, musste ihr emanzipatorisches Moment herausarbeiten.

Dieser Aufgabe kam der soziale Kontext entgegen, in dem sich der Pariser *existencialisme* ausbreitete. Denn während sich Jaspers und Heidegger im erzreaktionären Klima der damaligen deutschen Universität bewegen, schreiben und streiten Sartre, Camus, Cioran und die anderen französischen Existenzialisten in den Cafés, Bars und Jazzkellern von St-Germain-des-Prés an der rive gauche, dem linken Ufer der Seine. Seit Jahrhunderten schon sammeln sich dort Künstler und Intellektuelle aus der ganzen Welt; bis zum Ausbruch des Kriegs sind die Surrealisten der Mittelpunkt der stetig anwachsenden Pariser Avantgarde. Die deutsche Besatzung zwingt viele ins Exil oder in die *Résistance*, den illegalen Widerstand, dem sich auch Sartre und Camus anschließen. Weil Paris von Bombardements und Häuserkämpfen verschont wird, belebt sich die Szene gleich nach Kriegsende; Sartre kommt jetzt die Rolle zu, die vor dem Krieg dem surrealistischen Vordenker André Breton zugefallen war.

»Café de Flore«, im Vordergrund »Café Aux Deux Magots«

Der Osterskandal von Notre Dame

Schon bald strahlt der Existenzialismus über die Künstler- und Intellektuellenzirkel hinaus, um zum Lebensstil einer Sub- und Gegenkultur zu werden, in der die Jugendlichen der Nachkriegsgeneration mit der offiziellen Kultur des bürgerlichen Frankreich brechen.

Schlaglichtartig erhellt der »Osterskandal« des 9. April 1950, welches Format und welchen Stil die existenzielle Revolte angenommen hat. Während sich die Gläubigen zur Ostermesse versammeln, besetzen vier Jugendliche in Dominikanerkutten die Kanzel der Kathedrale von Notre Dame. Bevor ihre Festnahme sie vor der Lynchjustiz der Gläubigen rettet, verlesen sie ein selbstverfasstes Manifest, in dem sie zum Auszug »in die tragische Wüste, die herrliche Erde, auf der Gott tot ist« aufrufen. Die bürgerliche Tagespresse bringt den Skandal auf der ersten Seite; während die kommunistische *Humanité* die Jugendlichen genauso verurteilt wie das Organ der katholischen Kirche, setzen sich allein die von Camus mitbegründete *Résistance*-Zeitung *Combat* und der alt gewordene André Breton für die vier jungen Männer ein.

Die Ausbreitung des Existenzialismus führt im Alltagsleben der Nachkriegsgeneration zu einer tief greifenden Befreiung der Sitten. Dieser Erfolg aber ist zweideutig: Bald reicht es aus, einen schwarzen Rollkragenpullover zu tragen, um Existenzialist zu sein.

Der existenzialistische Roman

Nachdem das philosophische Werk die Existenz nur bedingt beschreiben konnte, versuchen Roman und Drama zu fassen, was dem Begriff entging.

»Der Roman schließt zwischen Anfang und Ende das Wesentliche seiner Totalität ein, erhebt damit ein Individuum auf die unendliche Höhe dessen, der durch seine Erlebnisse eine ganze Welt zu schaffen und das Geschaffene im Gleichgewicht zu halten hat. Durch dieses selbe Abschließen wird aber das Individuum zum bloßen Instrument, dessen Zentralstellung darauf beruht, dass es geeignet ist, eine bestimmte Problematik der Welt aufzuzeigen. Darum muss das letzte vereinigende Prinzip die inhaltlich deutlich gewordene Ethik der schöpferischen Subjektivität sein.«

Georg Lukács, 1916

Existenzielle Eschatologie

Während der Erfolg von *Sein und Zeit* bzw. *Das Sein und das Nichts* auf die philosophische Fachöffentlichkeit beschränkt blieb, werden die Romane Sartres und Camus' zu Bestsellern. Vorbereitet aber wurde ihr literarischer Erfolg durch Romanciers wie Rainer Maria Rilke (1875–1926), André Gide (1869–1951), André Malraux (1901–1976) oder Jean Genet (1910–1986). Philosophen und Schriftsteller orientieren sich gemeinsam an der Figur des »existierenden« oder »subjektiven Denkers«, die Kierkegaard schon 1846 wie folgt beschrieb: »Der subjektive Denker ist nicht Wissenschaftler, er ist Künstler. Existieren ist eine Kunst. Die Aufgabe des subjektiven Denkers besteht darin, sich selbst in Existenz zu verstehen, sich in ein Instrument zu verwandeln, das deutlich und bestimmt das Menschliche in Existenz ausdrückt.«

Der zweite Grund für die Wahlverwandtschaft zwischen existenzialistischer Philosophie und Literatur folgt aus der historischen Bestimmung des Existenzialismus, der nach Sartre »alle Folgerungen aus einer zusammenhängenden atheistischen Einstellung zu ziehen« hat. Vom Tod Gottes und vom Ende der Religion her zu denken aber heißt, wie die Religion vom Tod und vom Ende her zu denken, also eschatologisch (von griechisch *eschaton*, das Letzte, das Äußerste). In der Religion war die Eschatologie die Lehre vom Weltende und vom Aufbruch einer neuen Welt, vom Tod und der Auferstehung; sie war Offenbarung des göttlichen Wesens. Nach dem »Tod Gottes« offenbart die Eschatologie umgekehrt das Fehlen eines solchen Wesens und folglich die »ursprüngliche Offenbarkeit des Nichts«, ohne die es Heidegger zufolge »kein Selbstsein und keine Freiheit« gibt.

Am Anfang der existenziellen Eschatologien steht Nietzsches *Also sprach Zarathustra* (1883), eine prophetische Erzählung nach dem Muster des *Neuen Testaments*. Jenseits der Religion kann ein solcher Text nur ein fiktives Evangelium sein, das den Glauben an seine »frohe Botschaft« nicht mehr einfordern kann, sondern rhetorisch zu sich verführen muss.

Die Abenteuer der gottverlassenen Welt

Diesen »Abstieg« der Eschatologie in die Literatur erläutert Georg Lukács' *Theorie des Romans* (1916). Der Essay ist einer der wichtigsten Texte des deutschen Existenzialismus – auch wenn Lukács (1895–1971) ihn später, zum Marxisten geworden, mit dem Eifer des Bekehrten verworfen hat. Weil der Roman die Abenteuer schildert, die ein aus allen traditionellen Bindungen herausgesetztes Individuum in einer Welt bestehen muss, die nur noch vom Zufall beherrscht wird, ist er für Lukács das »Epos der gottverlassenen Welt«: Der Roman formuliert die Eschatologie einer Existenz, die »für sich selbst zum Ziel geworden ist, weil sie das, was ihr wesentlich ist, was ihr Leben zum eigentlichen Leben macht, zwar in sich, aber nicht als Besitz und Grundlage, sondern als zu Suchen-

»Aber ein einsam lebender Mensch hat selten Lust zu lachen; das Gesamtbild belebt sich für mich mit einem sehr starken, fast wilden, aber reinen Sinn. Dann zerfiel es, und es blieb nur die Laterne, der Zaun und der Himmel; auch so war es immer noch schön. Eine Stunde später brannte die Laterne, der Wind pfiff, und der Himmel war schwarz; und nun blieb von alledem nichts mehr. Jetzt gibt es überall Dinge wie dieses Glas Bier auf dem Tisch. Wenn ich es sehe, habe ich Lust zu sagen: ich spiele nicht mehr mit. Ich begreife sehr wohl, dass ich zu weit gegangen bin. Vermutlich kann man aus der Einsamkeit keinen Vorteil ziehen.«

Jean-Paul Sartre:
Der Ekel, 1939

Li.: Albert Camus: Der Fremde, Rowohlt 1961 (Ersterscheinung im Original 1953)

Re.: Jean-Paul Sartre: Der Ekel, Rowohlt 1963 (Ersterscheinung im Original 1939)

Li.: Rainer Maria Rilke: Die Aufzeichnungen des Malte Laurids Brigge, Insel 1982 (Ersterscheinung im Original 1910)

Re.: Jean-Paul Sartre: Was ist Literatur?, Rowohlt 1958 (Ersterscheinung im Original 1947)

»Lasst uns doch aufrichtig sein, wir haben kein Theater, so wenig wir einen Gott haben: dazu gehört Gemeinsamkeit. Jeder hat seine besonderen Einfälle und Befürchtungen, und er lässt den anderen so viel davon sehen, als ihm nützt und passt. Wir verdünnen fortwährend unser Verstehen, damit es reichen soll, statt zu schreien nach der Wand einer gemeinsamen Not, hinter der das Unbegreifliche Zeit hat, sich zu sammeln und anzuspannen.«

Rainer-Maria Rilke: Aufzeichnungen des Malte Laurids Brigge, 1910

des vorfindet«. Ein solcher Roman kann nicht mehr bürgerlicher »Erziehungs-«, sondern muss nihilistischer »Desillusionsroman« sein.

Solche Desillusionsromane sind Sartres *Der Ekel* (1939) und Camus' *Der Fremde* (1942). Sie schildern in den eigenen Worten der Protagonisten die Einheit von Revolte und Resignation, die der Preis der Luzidität, der existenziellen Klarsicht, ist. Die karge Handlung dient der exemplarischen Darstellung, sogar dem definitorischen Begriff der Existenz, entwickelt im Unglück eines zufälligen Mordes (*Der Fremde*) und eines den Selbstmord aufschiebenden Lebens (*Der Ekel*). Darin ähneln sie Rilkes *Aufzeichnungen des Malte Laurids Brigge* (1910). Auch hier spricht der Protagonist selbst, schildert in einer zähen Folge von Tagen den Hinfall des Lebens auf den Tod zu. Dieser ist von Anfang an das verborgene Zentrum und Rätsel der Krise, die Malte, sich ohne Wissen dem eigenen Zusammenbruch nähernd, verzweifelt zu lösen sucht.

La condition humaine – So lebt der Mensch

André Malraux' Roman *La condition humaine* (1933) überschreitet die an den vereinzelten Protagonisten gebundene Perspektive des *Ekels* oder des *Fremden* und schildert das existenzielle Drama inmitten der modernen Massentragödien. Rahmenhandlung ist die Eroberung der Stadt Shanghai durch nationalistische Truppen, das Massaker, das die Nationalisten an den intellektuellen Kadern der Kommunistischen Partei anrichten und die dem Massaker folgende Resignation sowohl der Einzelnen wie der Massen. Die Einbettung des individuellen in das kollektive Drama wirkt als Intensivierung. Sichtbar wird, dass die Katastrophe aller stets eine Katastrophe des Einzelnen ist, weil sich dessen Passion – seine Lebensbejahung wie seine Todesbesessenheit – unaufhörlich mit den Passionen der Geschichte verbindet: mit der Revolution, dem Terror, dem Verrat. Hier schließt der existenzialistische Roman an die Literatur Fjodor Dostojewskis und Franz Kafkas an, die diese Einsicht schon vorher zum Ausdruck brachten.

Bezeichnenderweise konkretisiert Sartre seinen Entwurf einer existenzialistischen Moral (1946) in einem Essay, der die Frage *Was ist Literatur?* (1947) beantworten soll. Die Literatur der Existenz kann nur »engagierte Literatur« sein: »Der engagierte Schriftsteller weiß, dass das Wort Handlung ist; er weiß, dass Enthüllen Verändern ist und dass man nur Enthüllen kann, wenn man die Absicht hat, etwas zu verändern. Er hat den unmöglichen Traum, ein unparteiisches Bild von der Gesellschaft und der Situation des Menschen zu entwerfen, aufgegeben.« So ist der »engagierte Schriftsteller« ein authentisch Existierender, der aus seinem Werk ein »totales Lebens-Unternehmen« macht. Das Kunstwerk ist »in dem Maß imaginäre Darstellung der Welt, indem es Anspruch auf die menschliche Freiheit erhebt« und der Existenz eine Welt eröffnet, »die immer mehr mit Freiheit durchtränkt werden muss« (1947).

»Die Stimme des anderen hört man mit den Ohren, die eigene mit der Kehle. Ja. Auch sein Leben hört man mit der Kehle – und das der andern? Das Ursprüngliche war Einsamkeit, jene unwandelbare Einsamkeit hinter einer millionenfachen Vergänglichkeit, gleich der großen Urweltnacht hinter dieser dichten, niedrigen Finsternis, in der die schweigende Stadt lauerte, voll Hoffnung und Hass. Aber ich – was bin ich für mich, die Kehle? Eine Art absoluter Bejahung, Tollheitsbejahung: eine größere Intensität als die alles übrigen. Für die andern bin ich das, was ich getan habe.«
André Malraux:
La condition humaine,
1933

Der Roman wird zum wichtigsten Medium der existenzialistischen Moral und der »engagierte Schriftsteller« zur zeitgenössischen Gestalt des »existierenden Denkers«.

Skulptur und Malerei

Am Rand der Avantgarden finden sich einzelne Künstler, die sich der klassischen Figuration wie der reinen Abstraktion verweigern und deshalb Bildnisse der Existenz selbst schaffen: Skulpturen und Gemälde der Verlassenheit und des Begehrens.

Alberto Giacometti

»Schreitende in sich hineinschreitend, als gäbe es draußen gar keine Welt zu durchmessen, als fände dies Von sich hinweg nur scheinbar statt. Aus ihnen emporgewachsen, ein Hochhinaus, stummes Aufzeigen, dem auch noch, wie nebenbei, ein wenig Körper anhaftet: um sichtbar zu sein, sicherlich.«

Dieter Leisegang: Giacometti, 1968

Die Avantgarde-Bewegungen des Jahrhundertbeginns lösen sich in den 30er und 40er Jahren sukzessive auf. Nach dem Krieg wächst sich das Avantgarde-Milieu zur Sub- und Gegenkultur der »existenzialistischen Generationen« aus. Die damit einhergehende Popularisierung der Avantgarde führt zu einer veränderten Situation. Einerseits formieren sich neue Bewegungen, die das Projekt einer die Grenzen von Kunst- und Lebenspraxis überschreitenden Antikunst verwandelt fortführen. Andererseits kehren vereinzelt arbeitende Künstler zu einer Kunstpraxis zurück, deren alleiniges Maß das Werk – das Gemälde, die Skulptur – sein sollte.

Einer der profiliertesten Vertreter dieser Rückkehr zum Kunstwerk ist Giacometti. Knapp 20 Jahre alt, kommt er 1922 aus der Schweiz nach Paris. Während er die Nächte in den Surrealistencafés *La Coupole*, *Rotonde* und *Dôme* verbringt, arbeitet er tagsüber wie ein Besessener; seine surrealistischen Skulpturen kreisen um Grenzerfahrungen der Sexualität, der Grausamkeit und des Todes. Er unterstützt die Annäherung der Surrealistengruppe an die Kommunistische Partei, veröffentlicht in verschiedenen Avantgarde-Zeitschriften antiklerikale Karikaturen. Als Breton ihn 1935 wegen seiner Brotarbeit für einen Innenarchitekten der »Abtrünnigkeit vom Surrealismus« bezichtigt – Breton selbst lebt durchaus einträglich als Kunsthändler –, bricht Giacometti abrupt mit der Gruppe. Zurückgezogen arbeitet er weiter, nähert sich realistischen Darstellungsweisen an. Im *Café de Flore* lernt er

Alberto Giacometti in der Rue d'Alésia, Paris 1961

Pablo Picasso, Samuel Beckett, schließlich Simone de Beauvoir und Jean-Paul Sartre kennen, der gerade den *Ekel* veröffentlicht hat und ihn anspricht, um sich von ihm die Zeche bezahlen zu lassen. Sartre und de Beauvoir werden zu seinen engsten Freunden, Nacht für Nacht trifft sich die Clique im *Flore* oder im *Deux Magots*. Nach dem Krieg findet Giacometti zu dem Skulpturentyp, mit dem er zum Bildhauer des Existenzialismus wird: überlange, ausgemergelte Gestalten, schreitend oder bezugslos neben anderen stehend, überlebensgroß oder als Miniatur ausgeführt, entmaterialisiert in jedem Fall, »immer halbwegs zwischen dem Nichts und dem Stein«, wie Sartre schreibt, »stets wieder abgeändert, verbessert, zerstört und neu in Angriff genommen«, deshalb in Gips

»Ich sah von neuem die Körper, die mich in der Wirklichkeit anzogen, und die abstrakten Formen, die mir in der Plastik wahr erschienen; ich wollte das eine, ohne das andere zu verlieren (ganz kurz gesagt).«

Alberto Giacometti: Brief an Matisse, 40er Jahre

»Ich glaube auch, dass der Mensch heute einsieht, dass er ein Zufall ist, ein völlig zweckloses Geschöpf, dass er sein Spiel grundlos zu Ende spielen muss. Und das Faszinierende daran ist, dass es für den Künstler jetzt viel schwieriger geworden ist, weil er wirklich dieses Spiel vertiefen muss, wenn er überhaupt gut sein will.«

David Sylvester: Gespräche mit Francis Bacon, 1975

ausgeführt, »ein gewichtsloses Material, das dehnbarste, vergänglichste und geistigste, das es gibt«. Neben den Skulpturen fertigt Giacometti Zeichnungen und Gemälde an, auch sie das vereinzelte Individuum darstellend, das als Objekt der Darstellung für den Betrachter zum Subjekt einer ergreifenden Begegnung wird. Rastlos verbraucht Giacometti sein Dasein, unausgesetzt modellierend, zeichnend, malend, tags wie nachts in einem ärmlichen, ungeheizten Atelier, an das sich ein ebenso ungeheiztes Schlafzimmer anschließt, das er mit seiner Frau Annette Arm teilt, die ihm stundenlang Modell sitzt. Wenn er nicht arbeitet, lebt er im Café, unmäßig rauchend und trinkend. Diesen Lebensstil gibt er auch dann nicht auf, als sich seine finanzielle Lage mit wachsender Berühmtheit verbessert: Er haust nach wie vor spartanisch im Atelier, gibt das Geld bündelweise an seine Verwandten, an Annette und eine gewisse Caroline weiter, eine junge Frau aus dem Gangstermilieu, der er eine luxuriöse Wohnung einrichtet. An Krebs und Bronchitis leidend, produziert er unablässig weiter, bricht mit Picasso und Sartre, öfters auf Reisen jetzt, in Europa und Amerika Auszeichnungen entgegennehmend. Vollkommen erschöpft, stirbt er 1966 im Kantonsspital Chur in der Schweiz.

Francis Bacon: Selbstporträt, 1958, Öl auf Leinwand

Francis Bacon

Bacon ist neben Giacometti der zweite Künstler, dessen Werk als ästhetischer Ausdruck der existenzialistischen Erfahrung gilt. Auch er steht anfangs dem Surrealismus nahe, von dem er sich zugunsten einer gleichermaßen von der Figuration wie der Abstraktion entfernten Darstellung der menschlichen Figur löst. Wie Giacometti konzentriert sich Bacon (1909–1992) auf den Einzelnen, gelegentlich auf

Paare, von denen nicht angegeben werden kann, ob sie im Liebesakt oder im Todeskampf ineinander verschlungen sind.

Von vorübergehenden Aufenthalten in Berlin, Paris, Tanger und Monte Carlo abgesehen, lebt Bacon in London. Auch sein Alltag gleicht dem Giacomettis: Auf die disziplinierte Tagesarbeit im Atelier folgen lange, exzessive Nächte, die Bacon in der Schwulenszene Sohos verbringt, wo er in Bars wie dem *Colony Club* Unmengen von Champagner trinkt, sein Geld am Roulettetisch verliert. Neben der Malerei, dem Glücksspiel und der Liebe zählt für Bacon allein die Literatur: Nietzsche, die Traumdeutungen Freuds, die antiken Tragödien, die Romane von James Joyce und Marcel Proust, die Dichtung Ezra Pounds. Er verliert zwei Liebhaber infolge heftiger Alkohol- und Drogenexzesse: Peter Lacey stirbt am Vorabend der ersten großen Bacon-Retrospektive in der Tate Gallery (1962). George Dyer tötet sich mit einer Überdosis Schlaftabletten am Tag vor der Eröffnung einer großen Ausstellung im Pariser Grand Palais (1971). Dem Tod dieses Freundes ist eine seiner bedeutendsten Arbeiten gewidmet, das Triptychon *Mai–Juni 1973*. Auf den drei Tafeln erscheinen im schwarzen Schattenbereich hinter geöffneten Türen eine zusammengekauerte Figur auf einer Klosettmuschel, eine vorwärts torkelnde Figur und eine, die sich im Waschbecken erbricht. Das Triptychon ist in der Folge zweier weißer Pfeile von rechts nach links zu lesen: Es zeigt Dyer, der sich im Bad erbricht, weiterhastet, auf der Toilette zusammenbricht und stirbt.

»Ich habe dieses Gefühl von Sterblichkeit die ganze Zeit. Weil einen das Leben erregt, muss der Tod einen auch erregen. Man ist sich ihm in der gleichen Weise bewusst, wie man das Leben spürt, ähnlich dem Drehen einer Münze, das Leben bedeutet oder Tod.«

David Sylvester: Gespräche mit Francis Bacon, 1975

Giacometti und Bacon versuchen, der nihilistischen Modernität mit den Mitteln der Kunst Dauer und Allgemeingültigkeit zu verleihen: für heute und für alle Zeit. Dabei betont Giacometti das spirituelle, Bacon das physische Moment der existenziellen Erfahrung.

Aktion, Performance, orgien mysterien theater

Das Projekt einer die Grenzen von Kunst- und Lebenspraxis überschreitenden Antikunst wird nach dem Krieg im Happening fortgesetzt. Dessen radikalste Vertreter sind die Wiener Aktionisten.

Auf der Grenze von Kunst und Leben

Provozierende Aktionen im öffentlichen Raum waren eines der wichtigsten Darstellungsmittel des Avantgardismus. Seit den 50er Jahren wird eine in Gesten und Handlungen »gelebte« Kunst von der *Happening-* und *Fluxusbewegung* fortentwickelt.

Sammelbegriff aller Formen der Happening- oder Fluxuskunst ist der englische Ausdruck *Performance* (Vorführung, Schauspiel). Die Performance ist eine Art lebendiges Bild, in dem die ausgeführten Gesten und Handlungen keinen praktischen Sinn haben, sondern existenzielle Grunderfahrungen vermitteln sollen. Im Unterschied zum klassischen Schauspiel findet die Performance nicht in der vom Alltag getrennten Ausnahmesituation des Theaters statt: Die Zeit der Performance soll als Realzeit gelebt werden, die Künstlerin und der Künstler stellt keine »Rolle« dar, auch die Zuschauer nehmen in eigener Existenz an einem Ereignis des laufenden Lebens teil. Dessen Resultat ist ungewiss und hängt von den Aktionen aller Beteiligten ab.

80. Aktion des o.m. theaters, 1980

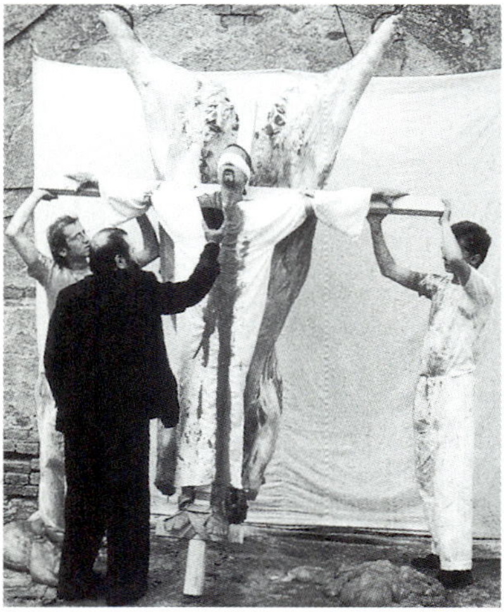

Performance und Ritual

Sofern die Performance physisch vermittelter Ausdruck existenzieller Grunderfahrungen ist, ähnelt sie einem religiösen Ritual. Die Anfang der 60er Jahre entstandene Gruppe der Wiener Aktionisten – allen voran Günter Brus, Otto Muehl, Hermann Nitsch, Rudolf Schwarzkogler – hat die Verwandtschaft von Performance und Ritual zum Ausgangspunkt genommen und subversiv gegen die christliche Religion gewendet. Ihr setzen die Aktionisten unter Berufung auf Nietzsche ekstatische Selbst- und Welterfahrungen »aus dem Geist der Tragödie« entgegen. Die Mittel dazu konnten gar nicht drastisch genug sein: Blut, Kot und Urin sind das bevorzugte Material ihrer Performances.

das orgien mysterien theater

Aktionen, in denen Hermann Nitsch im Priesterornat auftrat und das Blut frisch geschlachteter Lämmer über nackte Frauen ausschüttete, während der ganze Saal nach Innereien stank, riefen schließlich die Polizei auf den Plan. Mehrere Aktionisten wurden verhaftet und zu Gefängnisstrafen verurteilt, andere entzogen sich der Verfolgung durch Emigration. Nitsch allerdings blieb in Österreich und inszeniert seither in Prinzendorf jeweils zu Pfingsten die mehrtägigen »Spiele« seines *orgien mysterien theaters*. Die bis zu 1000 Besucher werden dabei einer von Nitsch bis in die kleinste Handlung durchgeplanten »ritualisierung des gesamten lebensablaufs« ausgesetzt, in der die Kunst als »sacramentgleiche manifestation der existenz« zur »erlösung durch den jubelritus des lebensfestes« führen soll (1960). Dabei ist es der erklärte Anspruch Nitschs, im Geist des jungen Nietzsche eine antichristliche, tragische Kunstreligion zu begründen: Die Besucher seiner »Messen« sollen erfahren, dass eine eigentliche Existenz die bewusste, in Orgie und Mysterienspiel auch kollektiv geteilte Erfahrung der Sterblichkeit allen Lebens zur Voraussetzung hat.

Ob der Nihilismus durch die Rituale einer »existenzsacralen« Kunstreligion überwunden werden kann, muss hier offen bleiben. Nietzsche jedenfalls hat sein Jugendwerk – auf das die Aktionisten sich berufen – später ausdrücklich verworfen.

Existenzialismus und Marxismus

Indem sich die französischen Existenzialisten der Linken öffnen, erneuern sie einen Dialog, der zuerst in der Bohème und unter den Avantgardisten geführt wurde: den Dialog zwischen Marx und Nietzsche.

»Es bedurfte der ganzen blutigen Geschichte der ersten Hälfte unseres Jahrhunderts, um uns die Realität begreifen und uns selbst unseren Platz in einer zerrissenen Gesellschaft finden zu lassen. Der Krieg ließ endgültig unsere veralteten Denkformen zerplatzen. Der Krieg, die Besetzung, der Widerstandskampf und die folgenden Jahre. Wir wollten auf der Seite der Arbeiterklasse kämpfen. Wir begriffen endlich, dass das Konkrete als Geschichte und dialektische Tat ist.«

Jean-Paul Sartre, 1960

Fragen der Methode

Unmittelbar nach Kriegsende beteiligt sich Sartre an der Gründung der von Kommunisten und Sozialdemokraten unabhängigen Linkspartei *Rassemblement Démocratique Révolutionnaire* (RDR, Revolutionäre Demokratische Sammlung). Obwohl der Versuch scheitert, bleibt er politisch aktiv. 1960 veröffentlicht er einen Essay mit dem unscheinbaren Titel *Fragen der Methode*, in dem er den Marxismus zur »Philosophie unserer Epoche« erhebt. Dieser bleibe so lange aktuell, wie die gesellschaftlichen Bedingungen, die ihn hervorgebracht haben. Zugleich setzt Sartre den Existenzialismus zu einer »Ideologie« herab, zu »einem parasitären System, das am Saum des Wissens lebt, des Wissens, dem er sich ursprünglich entgegenstellt, dem er sich heute aber einzugliedern sucht« (1960).

Was als vollständige Kehrtwende erscheint, wird noch im selben Essay relativiert: Ausdrücklich hält Sartre am »Autonomieanspruch« des Existenzialismus fest und weist ihm die Aufgabe zu, die »unaufhebbare Singularität [von lat. *singularis*, einzeln, einzig], die dem menschlichen Wagnis eignet, ins Wissen selbst wieder einzuführen«.

Sartres Experiment wird von vielen Intellektuellen in den 50er und 60er Jahre fortgesetzt. Die Verschränkung marxistischer und existenzialistischer Methoden richtet sich einerseits gegen die Verkümmerung der Ideen von Marx zur Staats- und Parteidoktrin und andererseits gegen die spätromantische Asozialität der Existenzphilosophie. Sie will die Kritik am objektiven Vergesellschaftungsprozess mit dem subjektiven Interesse an seiner Veränderung verbinden. Damit aber verändert sich auch das sozialrevolutionäre Ziel: Eine befreite Gesellschaft kann jetzt nur als Gesellschaftlichkeit eines befreiten Existierens der Individuen gedacht – und erkämpft – werden. Diesem Ziel entsprachen die etablierten Organisationen der Linken und der Arbeiterbewegung schon lange nicht mehr. Folglich schloss der Neuanfang in der theoretischen Kritik einen Neuanfang in der Praxis ein.

Jean-Paul Sartre: Marxismus und Existenzialismus, Rowohlt 1964 (Ersterscheinung im Original 1960)

Untergründige Verbindungen

Mit der Wende zum Marxismus griffen die französischen Existenzialisten eine Idee auf, die Herbert Marcuse (1898–1979) schon Ende der 20er Jahre verfolgt hatte. Marcuse war damals Assistent Heideggers an der Freiburger Universität; tief beeindruckt von *Sein und Zeit* und zugleich seit der Novemberrevolution von 1918 auf der Seite der Linken aktiv, sucht er schon damals nach einer sozialrevolutionären Wende der Existenzphänomenologie. Nach Heideggers Bekenntnis zu den Nazis schloss sich Marcuse der Kritischen Theorie an, mit der parteiunabhängige Linke wie Theodor Adorno und Max Horkheimer einen anderen Weg zur Erneuerung des Marxismus versuchten. Auch ihr Weg schloss den Dialog mit Nietzsche ein.

In den Revolten des Mai 1968 kommen Existenzialismus und Marxismus keinesfalls zufällig zusammen: Sartre und Marcuse stellen sich entschlossen an die Seite einer Neuen Linken, die sich jeder Form der Herrschaft widersetzt.

Phänomenologische Praxis: Die Situationistische Internationale (S.I.)

Was Sartre und Marcuse philosophisch entwerfen, erprobt die S.I. theoretisch und praktisch in der »Konstruktion von Situationen«: die Einheit von subjektiver Freiheit und sozialer Revolution.

Ta ra ta ta + koum bal koum bal!

In der »existenzialistischen Generation« der 50er Jahre kommen sämtliche Stränge der Revolte zusammen: die philosophische »Wahrheit der Existenz«, die zwischen Spätromantik und Neoavantgarde schwankende Kunst und Literatur des Nachkriegs, die doppelte Opposition gegen die bürgerliche Gesellschaft und die verbürgerlichte Arbeiterbewegung. Mit der Ausbreitung der Subkultur auch außerhalb des Intellektuellen- und Künstlermilieus öffnen sich zwei Möglichkeiten: die Banalisierung der Revolte zum modischen Zeitgeist oder ihre Radikalisierung zur sozial- und kulturrevolutionären Bewegung.

Unter den zahllosen Grüppchen, die im Paris der Nachkriegszeit um das Erbe der Avantgarden streiten, nehmen die Lettristen eine besondere Rolle ein. Ihr Kopf ist Isidore Isou, der 1945 – gerade 20 geworden – aus Bukarest nach Paris kommt. Mit einem Freund stört Isou die Aufführung eines Theaterstücks des Altdadaisten Tzara und verkündet von der Bühne das Manifest seiner *poésie lettrique*. Das Publikum applaudiert: ein Rumäne, der in gebrochenem Französisch die Dichtung revolutionieren will und die Kunst des Skandals gegen die richtet, die sich mit ihr längst etabliert haben! 1947 erscheint das erste Buch Isous, der die schnell wachsende Schar seiner Anhänger in der Bewegung *Le Soulèvement de la Jeunesse* – Aufruhr der Jugend – sammelt. Weitere Bücher und

»Zum Moineau ging man, wenn man beschlossen hatte, von zu Hause abzuhauen, und dort konnte man notfalls auch schlafen, sollte sich etwas Besseres nicht angeboten haben. Fern hielt man sich nur, wenn man in der Umgebung die Vorbereitungen für eine Razzia erkannt hatte. Wer bei Moineau eintrat, wusste, dass er sein Geld auf den Tisch zu legen hatte. War genug zusammengekommen, bestellte man eine Flasche Rotwein und, wenn es reichte, ein Essen. Man spielte stundenlang Schach und diskutierte die Möglichkeiten einer Revolution. Ansonsten tat man alles, um das Vergnügen so rau und kräftig wie möglich zu gestalten, und man kannte dort nicht nur den Wein oder leichten Stoff, um Nervosität zu verbreiten.«

Roberto Ohrt, 1990

Zeitschriften folgen, ein lettristisches Theater entsteht, schließlich lettristische Filme. Aufführungen werden von der Polizei gesprengt oder verboten.

Die Lettristen stellen sich gegen alle, denen sie vorwerfen, zum »nihilistischen Komfort« des Kulturbetriebs zurückgekehrt zu sein. In scharfen Polemiken attackieren sie gerade die Stars der Revolte – Breton und Sartre. Im November 1952 stürmt eine Gruppe junger Lettristen mit gefärbten Haaren und zerlumpter, mit Parolen beschrifteter Kleidung eine Pressekonferenz des aus den USA emigrierten Charlie Chaplin im noblen Ritz. Als Isou sich öffentlich von der Aktion distanziert, kommt es zum Bruch. In nächtelangen Debatten in der Bar *Chez Moineau* erweitern die Rebellen den Lettrismus zum »hyperpolitischen Projekt revolutionärer Lebenskunst«, die in Flugblättern, Zeitschriften, Büchern, Filmen verbreitet und in direkter Aktion entwickelt wird: »Der Rotwein und die Negation der Cafés, die ersten Wahrheiten der Verzweiflung werden nicht das letzte Mittel dieses Lebens sein, das sich so schwer verteidigen lässt gegen die tausend Arten, sich zu arrangieren.« (Guy Debord, 1953)

»Die situationistische Bewegung stellt sich als eine Avantgarde der Kunst dar sowie als ein Experimentalforschungsorgan auf dem Weg zu einer freien Konstruktion des alltäglichen Lebens und gleichzeitig als ein Beitrag zum theoretischen und praktischen Aufbau einer neuen revolutionären Kritik. Diese Kritik in unsere Zeit zurückzubringen, bedeutet, sofort den ganzen Radikalismus wieder aufzunehmen, dessen Träger die Arbeiterbewegung, die moderne Kunst und Poesie und das Denken von Hegel bis Nietzsche gewesen sind.«

Guy Debord, 1963

Eine neue Internationale

1957 vereinigen sich die Pariser Lettristen mit gleich gesinnten Gruppen aus Amsterdam, Brüssel, London, München und Norditalien zur *Situationistischen Internationale*. Den Namen leiten sie von dem Begriff der Situation ab, in dem Jaspers, Heidegger und Sartre das für die menschliche Existenz bestimmende »Paradox der Freiheit« fassen: »Es gibt Freiheit nur in Situation, und es gibt Situation nur durch Freiheit.« (Sartre, 1943) Die S.I. wendet den Begriff antiphilosophisch: »Unsere Zeit ist dabei, die Schranke der Grenzsituationen, welche die Phänomenologen mit Vorliebe beschrieben haben, durch die praktische Schaffung von Situationen zu ersetzen.

Asger Jorn: Es lebe die leidenschaftliche Revolution, Poster, 1968

Asger Jorn (rechts), Michèle Bernstein (Mitte), Guy Debord (links), Mitglieder der S.I.

»Da der Mensch das Produkt der Situationen ist, die er erlebt, liegt viel daran, menschliche Situationen zu konstruieren. In dieser Hinsicht müssen die Dichtung, die Aneignung der Natur und die vollständige soziale Emanzipation verschmelzen und zur Verwirklichung kommen.«

»bulletin central« der S.I.

Was wir wollen, ist eine phänomenologische Praxis.« (*bulletin central* der S.I.) Die »situationistische Tätigkeit« soll Kunst, Literatur, Philosophie und politische Opposition zur »Revolution des Alltagslebens« zusammenführen. Deren Ort ist die Großstadt, die sich die Situationisten im Umherschweifen (frz. *dérive*) aneignen wollten: einer vagabundierenden Existenzweise, die durch kollektive Arbeitsverweigerung zum existenziellen Bruch mit der bürgerlichen Lebensperspektive führen soll. Zum *dérive* gehört die Entwendung bzw. Zweckentfremdung (frz. *détournement*): eine Praxis, die zunächst ganz wörtlich aufzufassen ist, im übertragenen Sinn aber auch den Umgang der Situationisten mit der Geschichte der Kultur und der Ideologie beschreibt. Frei bedienen sie sich nicht nur der Phänomenologie, sondern auch des Marxismus, der Psychoanalyse und der Ideen der Avantgardisten; brechen die Fragmente heraus, denen sie neues Leben verleihen wollen; lassen hinter sich, wovon sie keinen Gebrauch machen können. Von Nietzsche, Kierkegaard und Stirner übernehmen sie den unbeugsamen Anspruch auf subjektive Freiheit, von Marx und Bakunin die Lehre, dass der Gebrauch dieser Freiheit die Abschaffung des Privateigentums und des Staates einschließt.

Zwei Schritte vor, einen zurück ...

Eine solche Radikalität war in der Gruppe nur wenige Jahre durchzuhalten. Als Guy Debord (1931–1994) und Raoul Vaneigem (geb. 1934), die Theoretiker der S.I., 1962 den Verzicht auf alle künstlerischen Tätigkeiten durchsetzen, kommt es zum ersten größeren Bruch. Die praktische Militanz und die gezielte Produktion von Skandalen treten hinter der Publizistik zurück. Die insgesamt zwölf Ausgaben des *bulletin*, die gegen die Banalisierung der Subkultur gerichtete Streitschrift *Über das Elend im Studentenmilieu* (1966), Debords *Gesellschaft des Spektakels* (1967) und Vaneigems *Handbuch der Lebenskunst für die jüngeren Generationen* (1967) üben einen untergründigen Einfluss auf die autonomen Bewegungen und radikalen Künstlergruppen der 60er, 70er und 80er Jahre aus. Im provokanten Stil der Manifestkunst schreibt Vaneigem der S.I. das Verdienst zu, die »Aufhebung des bolschewistischen Zentralkomitees (Aufhebung der Massenpartei) und des Projekts von Nietzsche (Aufhebung der Intelligentsia)« eingeleitet zu haben. Von den 70 Mitgliedern allerdings, die der S.I. bis zu ihrer Auflösung 1971 beitraten, wurden 45 ausgeschlossen, 19 zogen sich auf eigenen Wunsch zurück.

»Jeder steht in seinem täglichen Leben im Zentrum des Konflikts. Die Subjektivität, die augenfällig und bedroht ist, wird zur wesentlichen Forderung. Die revolutionäre Theorie muss sich künftig anstatt auf das Gemeinschaftliche auf die Subjektivität, die Eigenheiten, das individuell Erlebte gründen. Der Aufbau einer Gemeinschaft unnachgiebiger Individuen wird die Umkehr der Perspektive einleiten.«

Raoul Vaneigem, 1967

Dem fortdauernden Ruhm der S.I. haben ihre offenbaren Mängel keinen Schaden zufügen können. Wer ihrem Beispiel folgen will, ist sowieso zur Kritik der Verhältnisse und der Verhaltensweisen aufgefordert, an denen sie gescheitert ist.

Mai '68 und die Folgen

Die Revolten des Jahres 1968 beenden die politisch und kulturell erstarrte Nachkriegszeit und wälzen das gesellschaftliche Leben von Grund auf um.

Die Zweideutigkeit des Aufstands

»Man glaubt häufig, von Erfahrungen, Aktionen, Strategien zu verlangen, dass sie die ›Gesamtgesellschaft‹ umfassen, sei das Mindeste. In Wirklichkeit zwingt man ihnen damit eine maximale, eine unmögliche Bedingung auf: denn die ›Gesamtgesellschaft‹ funktioniert gerade in der Weise und zu dem Zwecke, dass sie nicht stattfinden, gelingen, dauern können. Die ›Gesamtgesellschaft‹ ist dasjenige, dem nur insoweit Rechnung zu tragen ist, als es zerstört werden soll. Es ist zu hoffen, dass es nichts mehr geben wird, was der Gesamtgesellschaft gleicht.«

Michel Foucault, 1978

Der Mai '68 war der Höhepunkt einer weltweiten Emanzipationsbewegung. In den USA und Westeuropa brachen Hunderttausende – junge Intellektuelle genauso wie proletarische Jugendliche – nicht nur aus dem politischen, sondern auch aus dem ökonomischen und kulturellen Konsens der Konsumgesellschaft aus. Ihr Aufbruch griff zeitgleich auf die erstarrten staatssozialistischen Gesellschaften des Ostens über. In Asien, Afrika und Lateinamerika erschütterten antikoloniale Befreiungskämpfe die internationalen Machtverhältnisse.

Paris ist eines der Zentren der Bewegung, die Barrikadenkämpfe der Jugendlichen und Studenten und eine von Millionen getragene Streikbewegung bringen den Staat an den Rand des Zusammenbruchs. Aber bereits als die Kommunistische Partei mit der de facto schon gestürzten Regierung um die Macht im Staat verhandelt, ist der Normalzustand wiederhergestellt: Die Ordnung hat gesiegt.

Tatsächlich entfaltete die Bewegung das »noch nicht Dagewesene« (Marx), das sie in sich trug, nicht weit genug. So konnte sie von den Kommunisten in die Bahnen bürokratischer Politik zurückgelenkt werden. Politik, Kultur und Alltag wurden dann auch von denen wieder getrennt, die links der KP die »wahre« Partei gründeten und die subjektive Freiheit neuerlich auf den Tag vertrösteten, an dem diese Partei an die Macht gelangen würde.

Neue Soziale Bewegungen

Unter der Oberfläche der offiziellen Politik aber wirkte die soziale Unruhe noch lange weiter. Die »Neuen Sozialen Bewegungen« führten die in Boheme und Avantgarde

Giuseppe Pinot-Gallizio/ Guy Debord: Abschaffung der entfremdeten Arbeit, Öl auf Leinwand

begonnene »Revolution des Alltagslebens« bis in die 80er Jahre fort und erkämpften Freiheiten, die sich in veränderten Existenzweisen niederschlugen: die Kritik der Arbeitsmoral und der Familie, die Transformation der Geschlechter- und Generationsverhältnisse, eine veränderte Einstellung zur Autorität, eine neue Wahrnehmung der Differenz von »Normalität« und Wahnsinn, eine Sensibilität sogar für ein Recht auf Differenz.

André Gorz, Weggefährte Sartres auf der Gratwanderung zwischen Existenzialismus und Marxismus, bezeichnete die soziale Basis dieser Bewegungen als »Nicht-Klasse der Nicht-Arbeiter«. Nicht-Klasse, weil ihre Subjekte trotz aller Gemeinsamkeiten nicht zu vereinheitlichen sind und ihr Recht auf Differenz in existenzieller Autonomie vertreten; Nicht-Arbeiter, weil sie die auf Arbeit gegründete Vergesellschaftung insgesamt zurückweisen. Der Kampf der Nicht-Klasse gegen die Klassengesellschaft kann deshalb auf die totalisierende Utopie der einen »perfekten« Gesellschaft verzichten, die die Revolutionen des 20. Jahrhunderts scheitern ließen: Die Emanzipation wird vielfältig sein, oder sie wird nicht sein.

Existenzielle Revolte und soziale Revolution sind seit dem Mai '68 nicht mehr zu trennen und machen in ihrer Verbindung das Besondere der Neuen Linken aus.

Existenzialismus und Feminismus

Inmitten der Neuen Sozialen Bewegungen eröffnen die Feministinnen einen Streit um den Vorrang der Existenz vor der Essenz, den weder Kierkegaard noch Nietzsche, noch Heidegger vorausgesehen haben …

Existenz und Geschlecht

»Der Mythos der Weiblichkeit ist so schillernd, so widerspruchsvoll, dass man zunächst die Einheit nicht sieht: als Dalila und Judith, Aspasia und Lucretia, Pandora und Athene ist die Frau immer Eva und Jungfrau Maria zugleich. Sie ist Idol und Magd, Quell des Lebens und Macht der Finsternis; sie ist das urhafte Schweigen der Wahrheit selbst und dabei unecht, geschwätzig, verlogen; sie ist die Beute des Mannes und seine Verderberin, sie ist alles, was er nicht ist und was er haben will, seine Verneinung und sein Daseinsgrund.«

Simone de Beauvoir, 1949

»Unsere Perspektive ist die der existenzialistischen Ethik« steht an zentraler Stelle des Einleitungskapitels von Simone de Beauvoirs *Le Deuxième Sexe* (dt. *Das Andere Geschlecht*). Das schon 1949 erschienene, über 900 Seiten starke Buch gilt noch heute als »Bibel des Feminismus«. Bei seinem Erscheinen löste es in der bürgerlichen Öffentlichkeit, aber auch unter männlichen Linksintellektuellen einen heftigen Skandal aus; in den 60er und 70er Jahren wird es international zum Bestseller, allein in Deutschland werden bis 1998 fast 600 000 Exemplare verkauft. Die noch heute wirksame Sprengkraft des Buches ist in dem Satz gebündelt, der auch sein bekanntester ist: »Man kommt nicht als Frau zur Welt, man wird es.« Keineswegs zufällig gewinnt der Satz vom Vorrang der Existenz vor der Essenz hier seine weit reichendste politische Bedeutung: Gibt es kein Wesen des Menschen, dann gibt es auch kein Wesen der Frau, dann ist eine Frau und dann sind Frauen überhaupt nur das, wozu sie gemacht werden – und wozu sie sich machen.

Bezeichnender Teil des alltäglichen Sexismus, den Simone de Beauvoir (1908–1986) ihr Leben lang bekämpft hat, ist der Umstand, dass sie durchweg als »Lebensgefährtin Sartres« bezeichnet wird, umgekehrt aber niemand darauf verfällt, Sartre als »den Lebensgefährten der Beauvoir« einzuführen. Beide lernen sich 1929 kennen, noch während des Philosophiestudiums an der Sorbonne; ihr außergewöhnliches Verhältnis endet erst mit dem

Simone de Beauvoir und Jean-Paul Sartre beim Verkauf der verbotenen Zeitung »La cause du peuple«

Tod Sartres 1980. Sie heiraten nicht, haben keine Kinder, führen nie einen gemeinsamen Haushalt, sondern leben in getrennten Zimmern, die sie manchmal im gleichen Hotel, bisweilen Tür an Tür auf demselben Flur, oft aber an verschiedenen Orten anmieten. Sie führen keine gemeinsame Kasse und können trotzdem jederzeit auf die rückhaltlose Großzügigkeit des anderen zählen. Beide haben unterschiedlich lange und unterschiedlich wichtige Liebesverhältnisse zu anderen Frauen und Männern, bleiben aber – was nicht unproblematisch ist – die Hauptpersonen ihrer Beziehungsspiele. Beide schreiben philosophische Bücher, Romane, politische Polemiken und engagieren sich in der radikalen Linken. Ihr Leben lang präsentieren sie sich gegenseitig ihre Manuskripte, sind füreinander die erste Kritikerin, der erste Kritiker. Nach Sartres Tod publiziert de Beauvoir die *Zeremonie des Abschieds*: lange Interviews mit dem erblindenden Freund, die rücksichtslos auch dessen fortschreitenden Verfall dokumentieren.

»Ich habe Professoren gesehen, die das Buch quer durch den Hörsaal schmissen, weil sie nicht ertragen konnten, es zu lesen, und wenn ich ins Restaurant ging, angezogen wie immer – nämlich eher ›weiblich‹, wie es meine Art ist –, dann guckten die Leute und tuschelten: ›Aha, das ist sie ... Ich dachte, dass ... Also wird sie beides sein ...‹«

Simone de Beauvoir, 1976

Das Andere Geschlecht

»Ich erinnere mich, dass ich am Ende des *Anderen Geschlechts* sagte, ich sei Anti-Feministin, denn ich dachte, dass die Probleme der Frauen sich in einer Entwicklung zum Sozialismus von selbst lösen würden. Feministen sind Frauen – oder auch sogar Männer –, die (vielleicht in Verbindung mit dem Klassenkampf, aber doch außerhalb) für die Frau kämpfen, ohne die erstrebte Veränderung unbedingt von der Gesamtgesellschaft abhängig zu machen. In diesem Sinn bin ich heute Feministin. Denn ich habe eingesehen, dass der Kampf auf der politischen Ebene nicht so schnell zum Ziel führt. Wir müssen also für die konkrete Situation der Frauen kämpfen, bevor der erträumte Sozialismus kommt.«

Simone de Beauvoir, 1972

Das Andere Geschlecht ist auch im Feminismus nicht unumstritten, der – grob gesagt – in zwei Grundströmungen zerfällt: den egalitären Feminismus, der die Gleichheit der Geschlechter behauptet, und den Differenzfeminismus, der von einem unüberbrückbaren Wesensunterschied des männlichen und des weiblichen Geschlechts ausgeht. Nach der geläufigen Version des Differenzfeminismus sind Frauen im Wesen ihres Geschlechts eher dem Kosmos, der Liebe und dem Gefühl verbunden, während Männer gemäß dem Wesen ihres Geschlechts eher zur Abstraktion, zur Macht und zum Verstandesgebrauch bestimmt sind. Die Befreiung der Frau ist deshalb die Befreiung ihres Geschlechts, sie soll den Frauen erlauben, in einer von der männlichen Macht befreiten Welt im Einklang mit dem Wesen dieses Geschlechts zu leben: Freiheit der Frau ist Freiheit zur »Mutterschaft« im umfassenden Sinn des Wortes.

Für egalitäre Feministinnen wie Simone de Beauvoir ist die differenzfeministische Behauptung eines wesentlichen Geschlechtsunterschieds nur die letzte Fassung eines ursprünglich von den Männern geschaffenen Mythos. Im *Anderen Geschlecht* spürt de Beauvoir der Geschichte dieses Mythos nach, zeigt, wie aus einem an sich belanglosen biologischen Unterschied ein sozialer und kultureller Unterschied wird, dem Männer und Frauen gleichermaßen, doch in verschiedenen Rollen unterworfen wurden. Im Kampf um ihre Befreiung haben die Frauen folglich nicht ihr Geschlecht zu befreien: Sie müssen sich vielmehr von ihrem Geschlecht, d.h. vom Mythos eines weiblichen Wesens, befreien. Fällt der Mythos, schließt die biologische Fähigkeit zur Mutterschaft keine Verpflichtung zur sozialen Mutterschaft mehr ein. Wie jede Tätigkeit ist dann auch die Kindererziehung weder Frauen- noch Männersache, sondern Sache der subjektiven Freiheit, die unteilbar und unterschiedslos den Frauen, den Männern und – den Kindern zukommt. Mit der Mutterschaft als dem Kern weiblicher Unterwerfung fällt die gesamte geschlechtliche Arbeitsteilung: die Sklaverei der Hausarbeit, das Elend der Ehe und der Familie, die Stereotypen des Frau- und des Mannseins.

»Beim Menschen bekommen die biologischen Gegebenheiten den Wert, den er ihnen gibt.«
Simone de Beauvoir, 1949

Existenzialistin, Marxistin, Feministin

Obwohl *Das Andere Geschlecht* zahllose Frauen zum Feminismus führt, bezeichnet sich de Beauvoir bis zum Mai '68 als »Anti-Feministin«. Die Befreiung der Frau ist zunächst auch für sie eine Nebensache, untergeordnet erst dem existenziellen Gebrauch der subjektiven Freiheit, dann dem universellen Kampf gegen die kapitalistische Ausbeutung. Feministin sein heißt aber, den unreduzierbaren Eigensinn und folglich die Autonomie des Frauenkampfs als solchen zu behaupten. Dieser letzte Schritt der eigenen Emanzipation führt de Beauvoir zum *Mouvement de la libération des femmes* (MLF, Bewegung zur Befreiung der Frauen). Hier streitet sie mit Tausenden anderer Frauen für einen Unterschied, der kein Wesensunterschied, sondern Unterschied eines besonderen Existierens und insofern Ausdruck der »unaufhebbaren Singularität« ist, »die dem menschlichen Wagnis eignet« (Sartre).

Simone de Beauvoir: Das andere Geschlecht, Rowohlt 1968 (Ersterscheinung im Original 1949)

Die feministische Autonomie bringt existenzielle Revolte und soziale Revolution zusammen, ohne sie ineinander oder in sich aufzulösen. Der Kampf der Frauen fordert ausnahmslos alle Menschen heraus, doch nicht alle in derselben Weise.

Der bewaffnete Existenzialismus

Während die Neuen Sozialen Bewegungen die existenzialistische Ethik in den Alltag tragen, entsteht eine Stadtguerilla, die nach einem radikalen Bruch zwischen Gesellschaft und Existenz sucht.

Existenzielle Revolte und Weltrevolution

Das existenzialistische Erbe der Neuen Linken zeigt sich in ihren drei wichtigsten strategischen Prinzipien. Das erste Prinzip ist das des »existenziellen Bruchs« (Marcuse): Befreiung soll nicht erst am Ende der Geschichte, sondern noch in der eigenen Lebenszeit erreicht werden. Deshalb muss emanzipatorische Politik zweitens »Politik in erster Person« und drittens eine »Revolution des Alltags« sein, in der die Grenze zwischen öffentlichem und privatem Leben bewusst überschritten wird.

Trotz ihres zeitweilig bestimmenden Einflusses vor allem in der Jugend erreichte die Neue Linke nur eine Minderheit der Gesellschaft. Je tiefer der Bruch zwischen ihr und der herrschenden »Normalität« wurde, desto unerträglicher wurde die Gegenwart für die, die sich damit nicht abfinden wollten.

Ulrike Meinhof im Gefängnis, 1973

Dabei unterschied sich die Isolierung der Neuen Linken Europas und der USA deutlich vom Massencharakter der antikolonialen Befreiungskämpfe Afrikas, Asiens und Lateinamerikas. Deshalb glaubten nicht wenige, in diesen größtenteils bewaffnet geführten Aufständen ein Modell für die eigene Revolte zu finden. So bildeten sich auch in Europa und den USA Gruppen der

Stadtguerilla, die mit Waffengewalt Einrichtungen der Armee und der Polizei, schließlich Führungspersonen des Staates und der Wirtschaft angriffen.

Der Gegenschlag ließ nicht auf sich warten, es kam zum offenen militärischen Konflikt mit Opfern auf beiden Seiten. Die Guerilla unterlag nicht nur den Kräften nach: Der Logik der Gewalt ausgeliefert, ähnelten sich die Verfolgten – trotz der bleibenden Unterschiede in Ausgangslage und Motiv – ihren Verfolgern an.

Ultrabolschewismus

Das Scheitern der Guerilla vollendete sich im Bruch mit der »legalen« Linken – eine Spaltung, für die beide Seiten verantwortlich waren. Ein Vorspiel stellte ein Streit innerhalb der französischen Existenzphänomenologie dar, in dem es zum Bruch zwischen Sartre und seinem Freund Maurice Merleau-Ponty (1908–1961) kam. Merleau-Ponty verurteilte Sartres begeisterte Zustimmung zum bewaffneten Kampf der Befreiungsbewegungen als »ultrabolschewistisch« und sah in der nur der eigenen Authentizität verpflichteten Politik des existenzialistischen Revolutionärs das ungelöste Problem der Neuen Linken. Sartre denunzierte die Einwände des Freundes als bloß akademische Vorbehalte eines Universitätsprofessors. Einen verspäteten Abschluss fand der Streit erst, als Sartre 1974 – verfolgt von wütenden Angriffen der bürgerlichen Presse – Gefangene der *Roten Armee Fraktion* (RAF) in der Haftanstalt Stuttgart-Stammheim besuchte. Er sicherte Andreas Baader (1945–1977) und den anderen Häftlingen seine Solidarität zu – und forderte sie zur Einstellung des verlorenen Kampfes auf.

»Die Vereinzelung durch die Entfremdung in der vollständig vergesellschafteten Produktion. Freiheit gegen diesen Apparat ist nur im Angriff gegen den Apparat möglich, im kämpfenden Kollektiv, das die Guerilla wird, werden muss, wenn sie Strategie werden will, also siegen. Kollektivität ist ein Moment in der Struktur der Guerilla und – Subjektivität – als Bedingung in jedem Einzelnen, als sein Entschluss, zu kämpfen – ihr wichtigstes. Was die Guerilla in jedem Moment eint, ist der Wille jedes Einzelnen, den Kampf zu führen. Der starke Wille als Motor des revolutionären Prozesses, in dem Subjektivität praktisch wird.«

Ulrike Marie Meinhof (1934–1976), Mitglied der RAF, Fragment aus dem Gefängnis

In der Stadtguerilla fanden der »existenzielle Bruch« und die »Politik in der ersten Person« ihre äußerste Zuspitzung. Noch heute sitzen weltweit Menschen – teilweise seit mehr als 20 Jahren – wegen ihrer Beteiligung am bewaffneten Kampf in Haft.

Die Wiederkehr der bleiernen Zeit

Ende der 70er Jahre scheitert der Aufbruch des Mai '68 endgültig. Die erkämpften Freiheiten werden in ihr Gegenteil verkehrt oder gänzlich abgeschafft.

Revolte und Repression

Der Herbst 1977 markiert das Ende des 68er Aufbruchs. In Deutschland führt die Entführung des Unternehmers Hanns Martin Schleyer durch die RAF zu einer beispiellosen Repressionswelle: Die Pressefreiheit wird radikal eingeschränkt, die linke Gegenkultur flächendeckenden Polizeioperationen unterworfen, selbst liberale Intellektuelle der »geistigen Urheberschaft des Terrorismus« angeklagt.

Dasselbe ereignet sich in noch dramatischerem Ausmaß in Italien. Wegen vorgeblicher Unterstützung der Guerilla-Organisation *Brigate Rosse* (Rote Brigaden) werden Zehntausende Aktivisten der Neuen Linken verhaftet. In zahllosen Fällen sind die Anklagen offensichtlich konstruiert; nicht wenige Verfolgte finden deshalb in Frankreich politisches Asyl. Parallel zur polizeilichen Repression kommt es in vielen Fabriken zu Massenentlassungen, weil sich vor allem die jüngeren Arbeiterinnen und Arbeiter der Neuen Linken angeschlossen hatten.

Die französische Bewegung war Ende der 60er Jahre zwar nicht weniger radikal als die italienische oder westdeutsche, trotzdem unterschied sie sich in einem wesentlichen Punkt: Der militante Widerstand gegen die herrschenden Verhältnisse bestand hier eher in militanten Streiks und Straßenkämpfen. Während diese massiver polizeilicher Repression unterworfen wurden – bis zur Erschießung streikender Arbeiter z. B. bei Renault –, hielt der Staat für linksradikale Intellektuelle immer eine Hintertür offen. Trotzdem gründete sich 1979 auch hier die anfangs anarchistisch orientierte Stadtguerilla-Gruppe *Action Directe*.

Die massive, oft gesetzwidrige Repression führte zur dauerhaften Einschüchterung großer Teile der Gesellschaft, in deren Folge sich auch die liberale Öffentlichkeit vor der Neuen Linken verschloss. Wer übrig blieb, war endgültig isoliert.

»Die Gewässer der Religion fluten ab; die Nationen begehren sich zu zerfleischen. Die Wissenschaften lösen alles Festgeglaubte auf; die gebildeten Stände und Staaten werden von einer großartig verächtlichen Geldwirtschaft fortgerissen. Niemals war die Welt mehr Welt, nie ärmer an Liebe und Güte. Dass die einzelnen sich gebärden, als ob sie von allen diesen Besorgnissen nichts wüssten, macht uns nicht irre: ihre Unruhe zeigt, wie gut sie davon wissen; sie denken mit einer Hast und Ausschließlichkeit an sich, wie noch nie Menschen an sich gedacht haben.«

Friedrich Nietzsche, 1874

Repression und Modernisierung

Die Repression war jedoch nur der erste Schritt. Der zweite bestand in der Modernisierung der herrschenden Verhältnisse, in die nicht wenige »Errungenschaften« der Neuen Linken einbezogen wurden. Tatsächlich ist die Modernisierung zum Schicksal der Generation von ’68 geworden. Schnell wurden die eingeholt, die sich auf den »Marsch durch die Institutionen« begaben: Die tägliche Plackerei, die Enttäuschung über die mangelnde Resonanz und die Vergünstigungen der Beamtenexistenz führten die »Subversiven« in die Gesellschaft zurück. Indem sie den Umbau der Erziehungs-, Sozial- und Justizbehörden organisierten und ihre besonderen Fähigkeiten und Bedürfnisse in den »kreativen« Berufen der schnell wachsenden Kulturindustrie verwerteten, wurden zahllose Aktivisten der Neuen Sozialen Bewegungen und der Popkultur zur Elite einer umfassend flexibilisierten Gesellschaft – zur »Neuen Mitte« des Neoliberalismus. Die Motive der Revolte – Verachtung der Religion, Ablehnung der Arbeit, Ausbruch aus Ehe und Familie, Befreiung der subjektiven Wünsche – verwandelten sich in einen diffusen Zynismus, der alle Bereiche des Alltags durchdrang und den Vergesellschaftungsprozess in einem Konkurrenzkampf entfesselte, der kein Pardon mehr kennt.

Repression und Modernisierung senken den Nihilismus in die feinsten Verästelungen des Alltagslebens ein. Fast ist es so, als müsse man zu Marx und Nietzsche zurückkehren, um neu, um anders zu beginnen.

Der Postmoderne-Streit

Gegen Ende des 20. Jahrhunderts wird die Moderne abermals grundsätzlich in Frage gestellt: als abgeschlossener Irrweg, als unvollendetes Projekt, als Übergang zur Postmoderne.

Nichts geht mehr?

»Bei Sartres Tod schieden sich noch einmal die Geister. Denn außer einer offiziellen Würdigung durch den Staatspräsidenten, gegen dessen Politik er öffentlich opponiert hatte, war es unübersehbar die progressive Presse, die ihren Lesern noch einmal Sartres literarisches und philosophisches Werk und seine politischen Aktivitäten vor Augen führte. Von der konservativen Presse wurde er sein Leben lang – oft in unflätigster Weise – beschimpft und verhöhnt wie kaum ein anderer. Der Vatikan erklärte zu Sartres Tod: ›Er war ein Lehrer der Unsicherheit und des Versagens.‹«

Traugott König, 1986

Am 19. April 1980 wird Jean-Paul Sartre in Paris beerdigt. Spontan schließen sich 50 000 Menschen dem Sarg an, folgen ihm zum Friedhof Montparnasse und bringen den Verkehr der Metropole zum Erliegen. Ein Kommentator bezeichnete die Beerdigung als »letzte Demonstration des Mai '68«.

Mit Befriedigung, ja, mit Häme vermerkten die Konservativen, dass mit Sartres Tod eine Epoche zu Ende gegangen sei. Geradezu inbrünstig schlossen sich viele Intellektuelle, deren Vorbild Sartre noch in den 70er Jahren war, diesem Urteil an. Für Konservative wie für Exlinke war jetzt die Zeit gekommen, in der »freien Marktwirtschaft« und der liberalen Demokratie die Vollendung der Geschichte zu begrüßen. Der Abschied von Sartre, dem Existenzialisten und Marxisten, wirkte da als Befreiung – fast als Absolution.

Die kulturellen Debatten der 80er Jahre werden dann vom Streit um die »Postmoderne« bestimmt. Die Moderne gilt jetzt als Zeitalter der gescheiterten Utopien, in der beginnenden Postmoderne sollen die »großen Erzählungen« der Revolution zugunsten des unabschließbaren Widerstreits einer nachrevolutionären Demokratie verabschiedet werden.

Die Frontlinien des Postmoderne-Streits waren allerdings verwickelter, als es den Beteiligten erschien. Nicht alle Postmodernen waren Neokonservative, und nicht alle Verteidiger des »Projekts der Moderne« waren die legitimen Erben der Modernität, als die sie sich ausgaben.

Tatsächlich kehren im Postmoderne-Streit Fragen wieder, die auf dem Weg von Marx zu Nietzsche schon einmal gestellt und in der zwischenzeitlichen Versöhnung von Existenzialismus und Marxismus gelöst zu sein schienen: die Frage, ob eine Emanzipation der Gesellschaft überhaupt möglich sei, die Frage nach den Grenzen der Autonomie des Subjekts und der subjektiven Freiheit, nach der Vermittelbarkeit von Universalität (von lat. *universalis*, allgemein) und Singularität (von lat. *singularis*, einzeln, einzig). Sartre hatte diese Spannungen im Paradox des »singularen Universalen« auflösen wollen, dessen Verkörperung der »engagierte Schriftsteller« sein sollte. Mit der Niederlage der Generation von '68 brach diese Vermittlung auseinander.

»Wir befinden uns in einer Phase der Erschlaffung, ich spreche von Tendenzen der Zeit. Von allen Seiten werden wir gedrängt, mit dem Experimentieren aufzuhören, in den Künsten und anderswo. Es gibt ein untrügliches Zeichen für diese gemeinsame Tendenz: Nichts erscheint all diesen Autoren dringlicher, als das Erbe der Avantgarden zu liquidieren.«
Jean-François Lyotard, 1987

Der strukturalistische Einschnitt

Der neuerliche Streit um die subjektive Freiheit begann als Methodenstreit. In den 60er Jahren schon hatten Wissenschaftler wie Claude Lévi-Strauss auf die Orientierung an einem der Gesellschaft und der Geschichte zugrunde liegenden Subjekt verzichtet. Historische Phänomene wie die Mythen, die Formen der Verwandtschaft oder das logische System der Sprache beschrieben sie als Effekte anonymer Strukturen (des Mythos, der sozialen Beziehungen, der Zeichen), deren Wirkung sich gleichsam hinter dem Rücken der Subjekte entfalte. Diese Strukturen wurden deshalb weder der menschlichen Subjektivität noch einer historischen Entwicklungsdynamik zugeordnet. Sie funktionierten im Rahmen der Regeln, die sie einschlossen, und das war alles. Dasselbe sollte auch von den gesellschaftlichen Verhältnissen gelten.

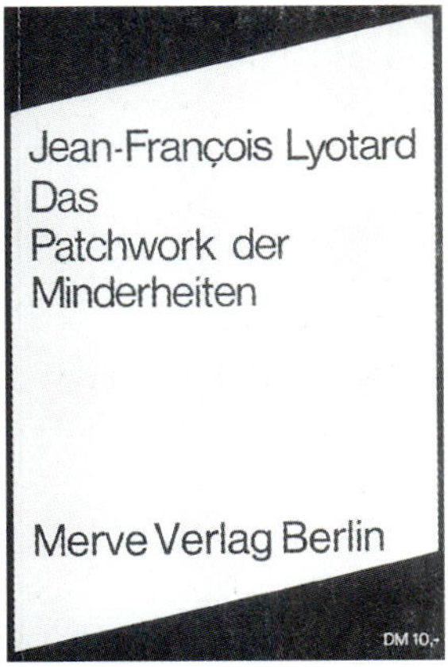

Jean-François Lyotard: Das Patchwork der Minderheiten, Merve 1977 (Ersterscheinung im Original 1976)

An den Strukturalismus schlossen sich jüngere In-

»Ich würde der Utopie die Erfahrung, das Experiment entgegensetzen. Die zukünftige Gesellschaft zeichnet sich vielleicht in Erfahrungen ab: Drogen, Sex, gemeinschaftliches Leben, ein anderes Bewusstsein, ein anderer Typ von Individualität. Ist der wissenschaftliche Sozialismus des 19. Jahrhunderts aus Utopien hervorgegangen, so wird die wirkliche Sozialisierung im 20. Jahrhundert vielleicht aus Erfahrungen hervorgehen.«

Michel Foucault, 1978

tellektuelle wie Jean Baudrillard, Gilles Deleuze, Jacques Derrida, Michel Foucault, Jean-François Lyotard und Jean-Luc Nancy an. Weil sie sich weniger für eine Wissenschaft der Strukturen interessierten als für die philosophischen, moralischen und politischen Konsequenzen dieser Wissenschaft, werden sie als Poststrukturalisten bezeichnet. Obwohl auch sie der Neuen Linken nahe standen, wendeten sie sich vor allem gegen Sartre. Sie warfen ihm vor, den modernen Glauben an die subjektive Freiheit, die Macht der subjektiven Vernunft und mithin den Glauben an die Philosophie bloß existenziell umgeschrieben zu haben. Gegen Sartres Vermittlung von Existenzialismus und Marxismus kehrten sie zu Nietzsche, Heidegger und einem strukturalistisch interpretierten Marx zurück. Der von Sartre noch einmal erneuerten Utopie einer vollständig befreiten Gesellschaft stellten sie einen Pluralismus gegenüber, der kein »singulares Universales« mehr kannte und der Utopie das Experiment vorzog. Dabei setzten sie auf die permanente Revolte derer, die niemals »eins« sein würden: das »Patchwork der Minderheiten« (Lyotard), die aus der modernen Vergesellschaftung in das ziel- und zweckfreie Werden der Postmoderne ausbrachen. Ihren eigenen Diskurs verstanden sie mit Nietzsche und Heidegger als »De-Konstruktion« einer Vernunftgeschichte, deren Wahrheit der Nihilismus der Moderne war.

Michel Foucault: Was ist Kritik?, Merve 1992 (Ersterscheinung im Original 1990)

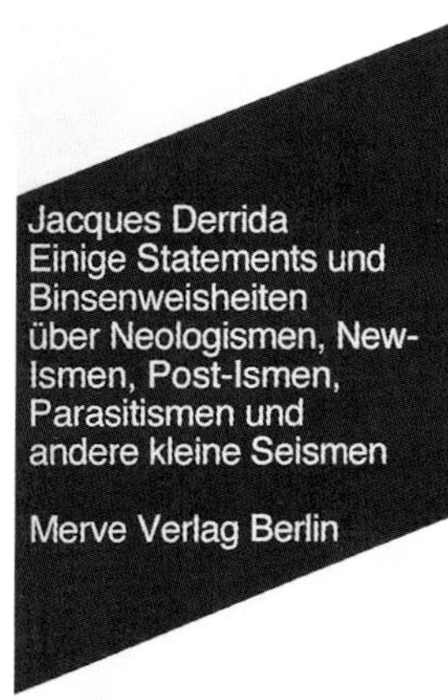

Jacques Derrida: Einige Statements ..., Merve 1997 (Ersterscheinung im Original 1986)

Das Subjekt der Dekonstruktion

Dabei schlugen die Poststrukturalisten verschiedene Wege ein. Deleuze und Lyotard entdeckten hinter den Einheitsstiftungen des subjektiven Bewusstseins die vorsubjektiven »Vielheiten« (frz. *multitudes*) des Lebens und der Sprache. In detaillierten historischen Studien zeigte Foucault, wie die Identität des Subjekts der nachträgliche Effekt wissenschaftlicher Diskurse und staatlicher Politiken aus der Entstehungszeit der modernen Gesellschaft war. In genauen Interpretationen scheinbar nebensächlicher Textstellen wies Derrida nach, wie sich die Struktur von Metaphysik und Theologie gerade bei denen behauptet hatte, die ihr am weitesten entkommen zu sein glaubten – Marx, Nietzsche, Heidegger, Sartre, Lévi-Strauss. Für alle Poststrukturalisten aber war der Humanismus die Ideologie, mit der die Unterwerfung des Lebens unter die Abstraktionen der Philosophie und der Vergesellschaftung verdeckt wurde.

»Welch atemberaubende Beschleunigung, Generationen überstürzen sich. Ein Werk ist nur modern, wenn es zuvor postmodern war. So gesehen bedeutet der Postmodernismus nicht das Ende des Modernismus, sondern dessen Geburt, dessen permanente Geburt.«

Jean-François Lyotard, 1987

Im Eifer der Polemiken fiel zunächst nicht auf, dass die postmoderne Subjektkritik sich genau der Mittel bediente, die die »existierenden Denker« von Kierkegaard bis einschließlich Sartre gegen die Subjekt-Konstruktionen Kants und Hegels eingesetzt hatten. Dies änderte sich erst, als Deleuze, Derrida und Foucault ausdrücklich bestätigten, in der Dekonstruktion des Subjekts für ein Selbst gesprochen zu haben, das nicht mit sich identisch und insofern stets ein Anderes ist.

Je weiter die konservative »Rückkehr zur Ordnung« voranschritt, desto näher rückten Existenzialismus und Dekonstruktion zusammen: so nah, dass sich Derrida ausdrücklich dazu bekannte, der »letzte noch lebende Post-Sartreaner« (1999) zu sein ...

Das Selbst, der Andere, die Gerechtigkeit

Marxismus und Existenzialismus konnten den Widerstreit von Gesellschaft und Existenz nicht auflösen. Emmanuel Lévinas und Jacques Derrida suchen einen neuen Weg, indem sie die Existenz nicht mehr vom Selbst, sondern vom Anderen her denken.

Das Sein zum Tode und der Andere

Zum Vermittler zwischen Existenzialismus und Dekonstruktion wurde ein Phänomenologe der Existenz, der lange im Schatten Heideggers und Sartres stand: Emmanuel Lévinas (1906–1995). Der als Sohn jüdischer Eltern in Litauen geborene Lévinas studierte bei Husserl und Heidegger, kam 1930 nach Paris und schloss sich den Pariser Existenzialisten an. Während des Krieges wurde seine gesamte Familie von den Nazis ermordet, er selbst als französischer Soldat in einem Gefangenenlager interniert. Er beschließt, nie wieder deutschen Boden zu betreten. Nach dem Krieg wird er Direktor einer jüdischen Schule, dann Professor für Philosophie; seine wichtigsten Bücher erscheinen in den 60er Jahren.

Wie bei den anderen Phänomenologen ist die gelebte Erfahrung auch bei Lévinas Voraussetzung der philosophischen Erfahrung. Doch gegen deren Fixierung auf das eigene Selbst bekennt er: »Die Begegnung mit dem anderen Menschen bietet uns den ursprünglichen Sinn überhaupt, und in seiner Verlängerung findet man allen weiteren Sinn. Die Ethik ist eine entscheidende Erfahrung.« (1984) Dabei ist auch für ihn das Sein zum Tode die Grenzsituation, in der die Existenz auf die Wahrheit ihres Daseins stößt. Doch kehrt er den Sinn der Todeserfahrung radikal um, indem er zeigt, dass nicht der eigene, sondern der Tod des Anderen der »erste Tod« ist, mit dem die Existenz konfrontiert wird. Die Todeserfahrung erschließt deshalb nicht einfach die Ab-Gründigkeit der eigenen, vereinzelten Existenz, sondern die ebenso grund-lose Verantwortung für den Anderen. Für Lévinas wird ein Selbst erst dann zum eigentlichen Selbst vereinzelt, wenn es sich im Anruf des Anderen erkennt: Ich selbst als der vom Anderen Gemeinte, und nicht irgendein anderer.

Die Zweisamkeit zwischen mir und dem Anderen wird dann aber durch den »Dritten« gestört. Unter dem Dritten versteht Lévinas jeden weiteren Anderen, d. h. alle anderen. Mit dem Dritten entsteht die wichtigste existenzielle Frage, die eigentlich ethische Frage: »Was soll ich tun? Wer kommt vor dem Anderen in meiner Verantwortung? Wer sind sie, der Andere und der Dritte, der Eine im Verhältnis zum Anderen? Die erste Frage ist die Frage nach der Gerechtigkeit.« (1984) Mit ihr zerbricht die Unmittelbarkeit des Existierens, die Verantwortung für den Anderen schließt jetzt alle anderen ein, wird zur Verantwortung für die Gerechtigkeit.

»Es ist meine Sterblichkeit, mein Verdammtsein zum Tode, meine Zeit, die im Sterben liegt, mein Tod, der reines Hinweggerissenwerden ist, die jene Absurdität konstituieren, die die Grundlosigkeit meiner Verantwortung für den Anderen ermöglicht.«

Emmanuel Lévinas, 1975

Der messianische Appell

Als Lévinas im Alter von 90 Jahren stirbt, hält Jacques Derrida auf dem Friedhof Pantin die Trauerrede. Derrida wurde 1930 im algerischen El-Biar geboren. Wegen seiner jüdischen Herkunft wird er 1942 auf Anordnung der französischen Kolonialverwaltung der Schule verwiesen – eine Erfahrung, die für seine philosophische wie für seine politische Tätigkeit grundlegend wird. Zur Philosophie gelangt er durch die Lektüre Kierkegaards und Heideggers; im Studium setzt er sich mit Husserl, Sartre und Merleau-Ponty auseinander. Während ihm in Frankreich nie eine Professur übertragen wird, führen ihn zahllose Gastdozenturen an Universitäten in der ganzen Welt; seit 1968 lebt er deshalb mehr oder minder auf Reisen. Politisch ist Derrida der Neuen Linken verbunden; er unterstützt den Kampf gegen die Apartheid in Südafrika und die Selbstorganisationen illegalisierter Flüchtlinge in Frankreich. Zugleich beteiligt er sich an den Auseinandersetzungen um eine Reform des Philosophieunter-

Francis Bacon: Porträtstudie (Mann im blauen Kasten), 1949, Öl auf Leinwand

richts an Schulen und Universitäten. 1982 wird er in Prag verhaftet, weil er für die Bürgerrechtsbewegung illegale Seminare organisiert. Unterm Vorwurf des Drogenbesitzes angeklagt, wird er erst auf Intervention des französischen Präsidenten freigelassen. 1988 trifft er in den israelisch besetzten Gebieten öffentlich mit palästinensischen Intellektuellen zusammen.

Derrida folgt Lévinas' Kehre vom Selbst zum Anderen, die er mit dem Freund auch als Kehre von der griechisch-christlichen zur jüdisch-rabbinischen Philosophie versteht. Dabei bezieht er sich »de-konstruierend« auf den jüdischen Messianismus, in dem er ein Existenzial, d. h. eine Form des Lebens schlechthin erkennt. Fordert der religiöse Messianismus vom Gläubigen die Offenheit für die nie zu erzwingende, sondern stets nur versprochene Ankunft des Erlösers (hebräisch *masiach*, griech. *messias*, der Gesalbte), fordert das als »universelle Struktur« der Erfahrung und des Lebens verstandene Messianische die ethische Öffnung zum Anderen. Dieser erscheint dabei als jemand, der meinen rückhaltlosen Beistand fordert; die Übernahme meiner Verantwortung ist zugleich die Übernahme einer Freiheit, die mir vom Anderen geschenkt wird.

Gerechtigkeit und Gastfreundschaft

Vermittelt mit der Forderung des Dritten als des »Boten« aller anderen begründet der »messianische Appell« eine revolutionäre Politik der Gerechtigkeit. Revolutionär ist diese Politik, weil sie stets an der Grenze des geltenden

Rechts und der geltenden Gesetze aufbricht: Mit dem Beistand gegen seine Not fordert der Andere ein Recht, das zuletzt über die bestehenden Gesetze hinaus- und insofern zum Bruch mit der geltenden Rechtsordnung führt. Den Unterschied zwischen dem herrschenden Recht und dem Recht des Anderen erweitert Derrida dann zum Unterschied zwischen dem Recht und einer – wiederum existenzial verstandenen – »Idee der Gerechtigkeit«: »Unendlich ist diese Gerechtigkeit, weil sie sich nicht reduzieren lässt; irreduzibel ist sie, weil sie dem Anderen gebührt, dem Anderen sich verdankt; dem Anderen verdankt sie sich, da sie vom Anderen aus gekommen, da sie das Kommen des Anderen ist.« (1991)

Im Engagement für das unbegrenzte Bleiberecht von Flüchtlingen zeigt Derrida, dass eine dem »messianischen Appell« des Anderen verpflichtete »Idee der Gerechtigkeit« kein religiöses oder philosophisches Ideal, sondern tatsächlich ein Existenzial, d. h. eine Form des Lebens, ist. Der Andere, der mich in die Verantwortung nimmt, ist kein abstrakter Anderer, sondern – im jetzt und hier gerade an mich ergehenden Appell – der, der um Gastfreundschaft, um Asyl bittet. Das gerechte Verständnis dieses Appells als eines Existenzials zeigt sich im politischen Kampf an der Seite der Migrantinnen und Migranten, der den Anderen als den anerkennt, dem Gastfreundschaft unbedingt, d. h. vor allem Recht und deshalb – gegebenenfalls – auch gegen das Gesetz, zusteht.

»Die messianische Hoffnung wird aller biblischen Formen entkleidet, sie entblößt sich dergestalt in Hinblick auf das ›Ja‹ zu dem oder der Ankommenden, das ›Komm‹ zur nicht antizipierbaren Zukunft. Man kann die quasi atheistische Trockenheit dieses Messianismus stets für die Bedingung der Möglichkeit aller Religionen des Buches halten. Aber ohne diese bestimmte Verzweiflung wäre die Hoffnung nichts als das Kalkül eines Programms. Wie soll man stattgeben, wie soll man sie geben, diese Stätte, wie sie bewohnbar machen? Dieses messianische Schwanken lähmt keine Entscheidung, keine Zustimmung, keine Verantwortung. Es gibt im Gegenteil deren elementare Bedingung ab. Es ist deren eigentliche Erfahrung.«

Jacques Derrida, 1994

Obwohl für Existenzialismus wie Dekonstruktion jenseits des Gesetzes nur die existenzielle Entscheidung zählt, trennt sie der Appell, der zur Entscheidung aufruft: Ruf des Gewissens, der von mir an mich ergeht, oder Anruf des Anderen, der mich zur Gerechtigkeit aufruft.

Nochmals: Existenz und Gemeinschaft

Am Ende des 20. Jahrhunderts nimmt Jean-Luc Nancy Heideggers Frage nach dem Sein des Daseins als Frage nach dem Sein der Gemeinschaft wieder auf.

Phänomenologie des Mit-Seins

»Gemein – zum einen banal, trivial: wir stehen gemeinsam vor unserer Banalität, wir unterliegen ausnahmslos derselben Bedingtheit des Lebens, die man wohl oft vorschnell als ›conditio humana‹ bezeichnet hat – und zum anderen gemeinschaftlich, ›communis‹, das meint: nicht eine einzige Substanz, sondern im Gegenteil, das Fehlen einer Substanz, in dem sich dem Wesen nach das Fehlen einer Wesenheit mitteilt.«

Jean-Luc Nancy, 1991

Jean-Luc Nancy (geb. 1940), Professor für Philosophie in Straßburg und enger Freund Derridas, erneuert die Phänomenologie der Existenz aus der Bewegung ihrer Dekonstruktion heraus. Nancy versteht unter Existenz und Dasein weder das Selbst noch den Anderen, sondern deren »Gemeinschaft«, genauer gesagt: »das Sein-in-der-Gemeinschaft als Dasein« (1991). Dabei bezieht er sich auf eine der wesentlichen Leistungen Heideggers, der seinen Begriff der Existenz (des Daseins) nicht nur dem Begriff der Essenz (des Wesens), sondern auch dem der Substanz entgegengesetzt hatte (lat. *substantia*, Bestand, Beschaffenheit, Wesen, das allen Dingen zugrunde liegende »Ding an sich«). Damit wollte Heidegger jede Verwechslung der Existenz mit einem Gegenstand oder einem Objekt ausschließen und die Existenz allein aus ihren geschichtlichen Lebensformen (Existenzialien) verstehen. Die radikale Ent-Substanzialisierung des Daseins wendete Heidegger noch gegen den traditionellen Subjektbegriff, der unauflöslich mit dem der Substanz verbunden ist (lat. *subiectum*, darunter gelegt, was allem zugrunde liegt). Dies richtete sich ausdrücklich auch gegen die von Hegel und Marx unternommenen Versuche, Substanz (Gegenstand, Objekt) und Subjekt (Leben, Selbst, Gesellschaft) im Begriff der Geschichte zu vermitteln.

Das Sein, das nicht eins ist

Nancy greift Heideggers dreifache Wendung gegen Essenz, Substanz und Subjekt auf und richtet sie gegen den »blinden Fleck« der Heidegger'schen Phänomenologie selbst. Denn immerhin hatte Heidegger das Mitsein des Daseins politisch doch als Substanz (Einheit des Volkes mit seiner Geschichte und seiner Sprache) und Subjekt (Einheit von Volk und Führer) gedacht. Indem er Heidegger gegen Heidegger kehrt, richtet Nancy dessen Substanz- und Subjektkritik zugleich gegen sämtliche politischen Philosophien und damit – konsequent zu Ende gedacht – gegen sämtliche Formen der Politik. Denn Substanz (der Rasse, des Volkes, der Klasse, des Geschlechts) und Subjekt (der Person, der Gesellschaft, des Staates, der Partei, des Gemeinwillens) sind die zentralen Kategorien aller Politiken, welche die Gemeinschaft als Einheit, als Einssein, Einswerden und Vereinigtsein der Vielen und Einzelnen verwirklichen – als Vergesellschaftung. Diesen Politiken setzt Nancy »das Politische selbst« entgegen: den gemeinsamen Widerstreit gegen alle substanziellen und subjektiven Einheiten. Dieser kann nicht mehr in der Revolte eines existenzialistischen Einzigen, sondern allein im »Einander-Ausgesetzt-Sein der singulären Wesen« (1986) ausgefochten werden. Im Widerstreit aber wird eine Gemeinschaft erfahren, die weder Substanz noch Subjekt, sondern »wirkliche Bedingung einer wirklichen Vielfalt wirklicher Beziehungen« (1991) ist – Form eines Lebens, das niemals eins ist.

»Aber wir sind nicht eine Bedeutung: weder ein ›menschliches Wesen‹ noch ein ›Gemeinwesen‹ noch ein ›Entwurf‹. Wir sind die Mehrzahl, die nicht eine Einzahl vervielfacht – als wären wir die kollektive Gestalt einer einzigen Wirklichkeit (alle materialistischen Kritiken des Idealismus sind dort stehen geblieben) –, sondern die umgekehrt eine gemeinsame, untrennbar materielle und absolut geistige Streuung singularisiert.«

Jean-Luc Nancy, 1986

Die Phänomenologie einer Gemeinschaft, die weder Substanz noch Subjekt, sondern ein Existenzial ist, verlangt politisch die Überschreitung der Vergesellschaftung und der Vereinzelung und folglich die Dekonstruktion aller bisherigen Formen von Politik.

Marx' Gespenster

Während der Zeitgeist das »Ende der Geschichte« verkündet, verpflichten sich die Dekonstruktivisten dem »Geist des Marxismus« und proklamieren eine »Neue Internationale«.

»Der Kommunismus zeugt dank seines Namens und trotz seines Namens paradoxerweise vom Ende einer Welt und markiert zugleich den Übergang zu einer anderen Welt. Eine erste Welt wird sich im ›realen‹ Verrat oder in der ›realen‹ Implosion des ›Kommunismus‹ aufgelöst haben. Eine andere Welt wird sich in der erneuerten, wenngleich dunklen Forderung nach Gemeinschaft aufgetan haben. Zwischen beiden wird es nichts gegeben haben – nichts als jenes blasse, lächerliche und flüchtige Trugbild einer freiheitlichen Gesellschaft ohne Befreiung, menschlich ohne Mittel, den Menschen dem Menschen zu entreißen.«
Jean-Luc Nancy, 1991

Der Streit zweier Linien

Vor allem an den Universitäten wurde die Dekonstruktion zuerst als Teil der Rückkehr der Intellektuellen zu liberalen Einstellungen begrüßt. Deshalb griff Nancy zur Kennzeichnung seiner politischen Position auf den Begriff des Kommunismus zurück: das Wort, das Liberale am meisten verabscheuen (lat. *communio*, Gemeinschaft, *communis*, gemeinsam). Um den Debatten um die politische Ausrichtung der Dekonstruktion ein öffentliches Forum zu bieten, gründete Nancy 1980 das *Centre de recherches philosophiques sur le politique* – das Zentrum zur philosophischen Erforschung des Politischen. Sechsmal jährlich kamen hier Intellektuelle aus aller Welt zusammen, die sich in unterschiedlicher Weise zur Bewegung der Dekonstruktion zählten – linke Dekonstruktivistinnen wie Gayatri Spivak, liberale bzw. entschieden »antirevolutionäre« Dekonstruktivisten wie Jacob Rogozinski, aber auch undogmatische Marxisten wie Claude Lefort oder Etienne Balibar.

Brennpunkt der Debatten war die Frage nach der Möglichkeit eines radikalen Bruchs mit den bestehenden Verhältnissen, mithin: nach der Möglichkeit der Revolution selbst. Angesichts des Niedergangs der '68er Bewegung und des beginnenden Zusammenbruchs der Sowjetunion konkretisierte sich der Streit in der Frage nach dem Totalitarismus als der wesentlichen politischen Erfahrung des 20. Jahrhunderts. Alle Beteiligten kamen überein, dass die Kritik des Totalitarismus – des Faschismus, des Stalinismus und ihrer Abarten – den Ausgangspunkt einer Politisierung der Dekonstruktion bilden müsse.

Zum Bruch aber kam es, als Nancy der allseits gefälligen Kritik am »harten Totalitarismus« Hitlers oder Stalins eine Kritik des »weichen Totalitarismus« der liberalen Demokratien und der Warenökonomie entgegensetzte. Zwar räumte er ein, dass die liberale Demokratie mit ihrer grundsätzlichen Leugnung einer den lebendigen Subjekten übergeordneten Transzendenz (Transzendenz des göttlichen Subjekts, des allgemeinen Vernunftsubjekts, des nationalen Führers oder des Generalsekretärs der Kommunistischen Partei) dem »Tod Gottes« eine angemessene politische Form verleihe. Doch schließe die grundsätzliche Leugnung jeglicher Transzendenz die lebendigen Subjekte in die vorgeblich nicht mehr zu überschreitende Immanenz des Bestehenden ein (von lat. *immanere*, innewohnen, inne sein, zugehörig sein, Gegensatz zu Transzendenz). Damit aber werde die liberale Demokratie selbst totalitär, weil sie außerhalb ihrer Ordnung keine Alternative mehr zulasse. Demokratie im vollen Sinn des Wortes aber lebe gerade von der immer offenen Möglichkeit eines radikalen Bruchs und mithin vom niemals abzuschließenden Widerstreit zwischen der Immanenz des Bestehenden und der Transzendenz des Anderen. In der Aktualität dieses Widerstreits aber liege die fortdauernde Aktualität des Kommunismus.

Das stetig schriller werdende »antimarxistische Konzert« (Derrida) war durch solche Differenzierungen nicht mehr zu unterbrechen. Um ihm wenigstens die Legitimation durch den populären Titel Dekonstruktion zu entziehen, löste Nancy das *Centre* 1984 auf. Vorausblickend warnt er im Auflösungsbeschluss, dass der Begriff des Totalitarismus bald nur noch »im Gleichschritt mit der NATO« zu gebrauchen sei.

»Sich weiter von einem gewissen Geist des Marxismus inspirieren zu lassen, würde heißen, dem treu zu bleiben, was aus dem Marxismus eine radikale Kritik gemacht hat, d.h. ein Vorgehen, das bereit ist, sich selbst zu kritisieren. Wir werden diesen Geist des Marxismus von anderen Geistern des Marxismus unterscheiden und infolgedessen von der ganzen Geschichte ihrer Apparate: den Internationalen der Arbeiterbewegung, der Diktatur des Proletariats, der Einheitspartei, dem Staat und schließlich der totalitären Monstrosität.«

Jacques Derrida, 1993

Jacques Derrida: Marx' Gespenster, Fischer 1996

Ende und Wiederkehr

1992 veröffentlichte der liberale Philosoph Francis Fukuyama sein Buch *The End of History*, in dem er Hegels These von der Vollendung der Geschichte in der bürgerlichen Gesellschaft im Licht des Zusammenbruchs der Sowjetunion erneuert. Wort für Wort bestätigt das Buch

Jacques Derrida, Zeichnung von Tim, 1973

»Wenn es nun einen Geist des Marxismus gibt, auf den zu verzichten ich niemals bereit wäre, dann ist das nicht nur die kritische Idee. Es ist eher eine gewisse emanzipatorische oder messianische Affirmation, eine bestimmte Erfahrung des Versprechens, die man von jeder Dogmatik und sogar von jeder metaphysisch-religiösen Bestimmung, von jedem Messianismus zu befreien versuchen kann. ...

Nancys These vom »weichen Totalitarismus« der liberalen Demokratie. Seine simple Botschaft lautet: Die Schlacht ist zu Ende, ab jetzt bleibt alles, wie es ist, und wie es ist, ist es gut.

Ein Jahr später antwortet Jacques Derrida mit *Spectres du Marx* – Marx' Gespenster –, einer gegen Fukuyama und die liberalen Ideologen gerichteten Verteidigung des Marxismus. Darin kritisiert er die aus der traditionellen Philosophie stammenden Elemente des Marxismus, vor allem den Kult der Arbeit und der Wissenschaft und ihre konsequente Synthese in der »Diktatur des Proletariats«. Zugleich aber bekennt sich Derrida – wie sein Freund

Nancy – zur Aktualität des »kommunistischen Versprechens«. Darunter versteht er erstens die radikale theoretische Kritik der kapitalistischen Vergesellschaftung und ihrer ideologischen Voraussetzungen, zweitens die Verbindung dieser theoretischen Kritik mit der praktischen Revolutionierung der bestehenden Verhältnisse und drittens die Erweiterung der theoretischen und praktischen Kritik zur niemanden ausschließenden und deshalb internationalen Revolution. Weil der Marxismus als ein Theorie und Praxis verbindender revolutionärer Internationalismus historisch die radikalste Antwort auf den »messianischen Appell« des Anderen gewesen sei, verstehe sich die Dekonstruktion gerade in ihrer Kritik an Marx als Radikalisierung des »kommunistischen Versprechens«. Von diesem aber gelte: »Ein Versprechen muss versprechen, dass es gehalten wird, d. h. es muss versprechen, nicht ›spirituell‹ oder ›abstrakt‹ zu bleiben, sondern Ereignisse zu zeitigen, neue Formen des Handelns, der Praxis, der Organisation.« (1993)

Konsequenterweise sucht Derrida nach einer organisierten Verbindung zwischen der radikalen theoretischen Kritik und einer universalen revolutionären Praxis in einer »Neuen Internationalen«. Diese kann sich zwar weder auf eine vorgeblich »wissenschaftliche« Einsicht in angebliche Gesetze der historischen Entwicklung noch auf ein privilegiertes Subjekt der Weltgeschichte stützen. Doch rettet sie in der dekonstruktiven Kehre vom Messianismus des revolutionären Subjekts zum »messianischen Appell« des Anderen den Widerstreit von Immanenz und Transzendenz und damit die »Idee der Gerechtigkeit« selbst.

… Das dekonstruktive Denken, auf das es mir ankommt, hat immer an das Irreduzible dieser Affirmation und damit des Versprechens erinnert, wie auch an das Undekonstruierbare einer bestimmten Idee der Gerechtigkeit, die hier vom Recht gelöst ist. Die Dekonstruktion hat immer nur Sinn und Interesse gehabt als eine Radikalisierung des Marxismus.«

Jacques Derrida, 1993

Existenziell erfahren und verantwortet, folgt das »kommunistische Versprechen« weder den objektiven Gesetzen des Wissens noch den subjektiven Prinzipien der Moral, sondern allein der Möglichkeit seiner Mit-Teilung im Widerstreit.

Muss man weiter »unbedingt modern« sein?

Im Spielraum ihrer bisherigen Möglichkeiten ist die Geschichte des Existenzialismus abgeschlossen. Das bedeutet nicht, dass es keine »existenziellen Fragen« mehr gibt. Im Gegenteil: Vielleicht gibt es keine wichtigeren Fragen.

»Nur ein Dasein, für das das Sein ein Problem und für das die Beziehung zum Sein grundsätzlich ungewiss ist, kann einwilligen oder ablehnen, etwas Bestimmtes zu sein. Die Existenz bestimmt den Menschen in der Unbestimmtheit seines Wesens. Sie bestimmt ihn nicht etwa dadurch, dass sie diese Unbestimmtheit aufhebt, sondern dadurch, dass sie sie setzt, gelten lässt, ja auf die Spitze treibt.«

Nicola Abbagnano, 1957

Kritik der Religion, Verwirklichung der Philosophie

Einig waren sich die jungen Intellektuellen der 1840er Jahre darin, dass der »Tod Gottes« als das »größte neuere Ereignis« (Nietzsche) nicht nur das Ende der Theologie, sondern auch das der Philosophie bedeutete. Marx, Engels und Bakunin wollten deshalb die »Kritik des Himmels« in der »Kritik der Erde« fortführen und die Philosophie in der revolutionären Kritik der bürgerlichen Gesellschaft verwirklichen. Das rief den Widerspruch der »existierenden Denker« hervor. Für Stirner, Kierkegaard und Nietzsche war der Traum von der »Verwirklichung der Philosophie« nur die letzte Verwandlung der Religion, die Religion der Vergesellschaftung. Dieser setzten sie das existenzielle Eigentum entgegen, das Eigentum an der subjektiven Freiheit. Mit Marx, Engels und Bakunin teilten sie den Bruch mit dem bürgerlichen Alltagsleben und die Kritik einer Wissenschaft, die nur die Fortdauer des Bestehenden begründete.

Marxismus und Existenzialismus

Die Ideen von Marx breiteten sich in der internationalen Arbeiterbewegung aus, die existenzielle Revolte Stirners wurde zum Lebensstil der Künstlerbohème. An den Universitäten wurden Marxismus und Phänomenologie der Existenz zu »Schulen«, die sich heftig befehdeten. Doch schon in den Cliquen der Bohemiens und unter den Intellektuellen am linken Rand der Arbeiterbewegung wurde versucht, beides zusammenzuführen. Anarchisten diskutierten Nietzsche, Surrealisten traten der Kommunistischen Partei bei. Die Experimente weiteten sich im Maß des Scheiterns beider Seiten aus. Der Marxismus verlor seine Unschuld spätestens in den Lagern Stalins, die Existenzphänomenologie in dem Augenblick, als ihre Professoren in den faschistischen Führern freie Geister nach Nietzsches Vorbild zu erkennen glaubten.

»Die Frage nach dem Sein ist die universalste und leerste; in ihr liegt aber zugleich die Möglichkeit ihrer eigenen schärfsten Vereinzelung auf das jeweilige Dasein.«

Martin Heidegger, 1927

Als die politischen und wirtschaftlichen Eliten der westlichen wie der östlichen Staaten und ihre eilfertigen Lehrer, Journalisten und Polizeiinspektoren auch nach dem Zweiten Weltkrieg an den Werten der Arbeit, der Familie und des Vaterlands festhielten, entdeckten die jüngeren Generationen die Aktualität der Junghegelianer und der »existierenden Denker«. Ihre ungezwungene Lektüre von Marx und Nietzsche, Bakunin und Kierkegaard und schließlich von Sartre und Marcuse lehrte sie, die tägliche Plackerei und Anpassung in den Fabriken, Büros und Universitäten zu verachten. Im Mai '68 fielen die Veränderung der Welt und die Änderung des eigenen Lebens für einen kurzen, historisch einzigartigen Augenblick zusammen. Je mehr sich die herrschenden Verhältnisse seither gegen jede befreiende Veränderung abschotteten, desto deutlicher wurde, dass die Kritik der Religion nicht vollendet ist, solange das Problem von Transzendenz (lat. *transcendere*, überschreiten) und Immanenz (lat. *immanere*, zugehörig sein) nicht gelöst ist, das bis heute noch in die Sprache der Religion zurückführt.

Öffnung zum Anderen, Kritik des Eigentums

Der Religion entstammt auch die Leitfrage der gesamten modernen Philosophie, die Frage nach dem Subjekt und nach der menschlichen Subjektivität. Sowohl in der Linie Marxens als auch in der Stirners wuchsen hier die Zweifel, bis hin zur poststrukturalistischen Dekonstruktion des Subjekts. Heideggers Existenzphänomenologie wies einen dritten, heute weiter verästelten Weg: Ein Selbst im Dasein bildet sich in dem Maß, in dem es auf die »ersten

»Die Frage: ›Wie wählen?‹ lässt sich nur beantworten, weil ein jeder von uns inmitten seines eigenen Lebens steht.«

Simone de Beauvoir, 1944

und letzten Fragen« stößt, die in der einen zusammenfallen – der nach dem Sein und dem Nichts, d. h. dem Tod. So formuliert der Existenzialismus die Eschatologie des (post-)modernen Subjekts (von griechisch *eschaton*, das Letzte, das Äußerste, Lehre von den ersten und letzten Dingen). In dem tief greifend technisierten und ästhetisierten Alltag, in den wir jetzt geraten, kommt eschatologischen Fragen eine zunehmende Aktualität zu: Der »Rest« ist – auch dies findet sich bei Heidegger beschrieben – Gerede, Neugier, Zweideutigkeit. Eschatologisch aber ist auch die Frage, die noch über die nach dem Sein hinausführt: die, die der Andere an mich richtet. Dass die Antwort auf diese Frage keine Sache des Wissens oder

Alberto Giacometti:
li.: Stehender Akt, 1950, Farbstift
re.: Mann mit ausgestreckten Armen, 1950, Bleistift

des Glaubens, sondern des gemeinsamen Existierens und folglich wiederum des Alltags ist, haben mit je eigener Wahrheit Sartre, Lévinas und Derrida ausgeführt: »Man begegnet dem Andern, man konstituiert ihn nicht.« (Sartre) Die in dieser Begegnung angelegte Radikalisierung des Vorrangs der Existenz zum Vorrang des

Anderen schließt noch die Kritik der existenzialistischen Variante des Eigentums ein: des Eigentums des Einzigen. Aus der Perspektive einer solchen Kritik sind deshalb auch die Fragen nach dem Selbst und nach der Gesellschaft neu zu stellen, d. h. die Fragen der Moral und der Politik.

»Könnte man nicht davon ausgehen, dass Entscheidung und Verantwortung, ohne dass ich mich in irgendeiner Weise dadurch entlasten wollte, immer Entscheidung und Verantwortung des Anderen sind? Dass sie immer auf den Anderen zurückgehen, vom Anderen herkommen, sei es vom Anderen in mir?«
Jacques Derrida, 1997

Existenzielle Revolte, soziale Revolution, Dekonstruktion

Der Widerstreit zwischen Marx und Stirner entfaltete sich bis heute als Widerstreit zwischen sozialer Revolution und existenzieller Revolte, zwischen sozialrevolutionären Parteiintellektuellen und kulturrevolutionären Bohemiens, zwischen Marxismus und Existenzialismus. Zahllose Brüche zerklüfteten die Fronten des Streits, führten zu überraschenden Begegnungen und unerwarteten Bündnissen, die immer wieder an der Undurchdringlichkeit der herrschenden Verhältnisse zerbrachen, um sich stetig neu an der Erbärmlichkeit des »Zeitalters der Gegenwart« (Kierkegaard) zu entzünden. Entlang der Bruchlinien präzisierten sich die strittigen Fragen: Sind die Geschichte und die Gesellschaft, ist die Moderne der Raum, in dem die Emanzipation stetig voranschreitet, als Fortschritt der Geschichte, als Vollendung der Gesellschaft und der Moderne? Oder gibt es Emanzipation nur gegen die Geschichte, gegen die Gesellschaft und gegen die Moderne? Besteht Modernität also darin, sich in die Bewegung der Moderne zu stellen, oder darin, sich gegen sie aufzulehnen, sie über sich selbst hinauszutreiben, sie zur Postmoderne zu überdrehen? Hängt beides miteinander zusammen, gilt es, das Eine im Anderen zu suchen?

Der Existenzialismus gibt keine Antwort auf diese Fragen, sondern zeigt, wo sie zu finden ist: in der stets neu zu knüpfenden Verbindung zwischen der Änderung des Lebens und der Veränderung der Welt, in der jede und jeder mit sich den Anfang machen muss.

Grundbegriffe des Existenzialismus

absurd, Absurdes

Der Existenzialismus geht von der gelebten Erfahrung aus. In deren Mittelpunkt steht nicht die Sinnlosigkeit der Welt, sondern das Absurde. Dies entspringt dem Konflikt zwischen dem Verlangen nach Sinn und der Enttäuschung dieses Verlangens im Leben. Dem Absurden treu zu bleiben, heißt, im Bewusstsein der Enttäuschung am Verlangen nach Sinn festzuhalten.

Authentizität

Wichtigster Begriff der existenzialistischen Moral, der allerdings paradox verwendet und verstanden werden muss. »Authentisch« (griech. *authentikos*, echt) leben Sartre zufolge nur diejenigen, die wissen, dass es im Leben nichts an sich »Echtes« gibt – sondern nur Formen und Tatsachen der gelebten Erfahrung, die bejaht oder verneint werden können.

Autonomie

Selbstgesetzlichkeit und Selbstbestimmung; wichtigster Begriff der europäischen Moralphilosophie. In der Tradition stets den Forderungen allgemeiner Vernunft unterstellt, wird die Autonomie von den Existenzialisten als Selbstbestimmung der konkreten Einzelnen gedacht. Existenzielle Autonomie kann deshalb gerade nicht dem Vernunftgesetz unterworfen sein, sondern wird – wie Nietzsche sagt – »jenseits von Gut und Böse« gelebt.

Eigentlichkeit

Zentraler Begriff Heideggers, gleichbedeutend mit Sartres Begriff der Authentizität.

Essenz

Während die Existenz das Dasein, die Wirklichkeit, das Dass-Sein eines Seienden bezeichnet, benennt die Essenz das Wesen, die Wahrheit, das Was-Sein dieses Seienden. Traditionell war die Essenz der Existenz übergeordnet, die immer nur eine Annäherung an die Essenz darstellte. Der Existenzialismus kehrt dieses Verhältnis um: Was essenziell ist, kann allein in und durch die Existenz erfahren werden.

Existenz

Der Existenzialismus befreit den Existenzbegriff von der Unterordnung unter den Begriff der Essenz und schränkt ihn zugleich auf das menschliche Dasein ein. Dass ein Mensch existiert, heißt nicht, dass er oder sie einfach »da« ist, sondern dass man sich zu seinem Dasein verhalten, sich zu (oder gegen) sich entscheiden muss, ohne sich an einer ihm oder ihr übergeordneten Essenz orientieren zu können. Ein Mensch ist das, wozu er oder sie sich »macht«, zu existieren heißt, frei zu sein.

Existenzial, existenziell

Wichtigste Methodenbegriffe der Existenzphänomenologie. Existenzial sind die Formen des Lebens überhaupt, z. B.: geboren sein, sterben müssen, unter den Anderen sein, sich entscheiden müssen, in der Sprache, in der Welt, in einer Situation sein usw. Existenziell ist, was Menschen unter diesen Formen des Lebens zustößt: zu dieser Zeit geboren zu sein, dann und dann zu sterben, unter diesen besonderen Anderen zu sein, diese Frage entscheiden zu müssen, diese Sprache zu sprechen, in dieser Welt, dieser Situation, unter diesen Bedingungen leben zu müssen. Existenziales und Existenzielles sind nicht dasselbe, aber auch nicht getrennt.

existenzielle Revolte

Seit Stirner – der von »Empörung« sprach – Gegenbegriff zur sozialen Revolution. Während die Revolution die bestehende Gesellschaft zugunsten einer anderen Gesellschaft umwälzen will, richtet sich die Revolte gegen die Vergesellschaftung selbst und verteidigt die Unvergleichlichkeit und Einzigkeit des Einzelnen vor der Allgemeinheit der anderen. Auch wenn existenziell Revoltierende und Sozialrevolutionäre nie genau dasselbe meinen, sind sie faktisch oft verbündet – was an der bestehenden Gesellschaft, an den herrschenden Verhältnissen liegt.

nihilistisch, Nihilismus

Begriff, mit dem die Existenzialisten die historische Bedeutung von Moderne und Modernität zu beschreiben versuchen – die geschichtliche Situation, in der alle traditionellen Werte entleert sind und deshalb in gewisser Weise »alles erlaubt ist« (Dostojewski), aber auch »alles absurd ist« (Camus). Nach existenzialistischer Auffassung kann der Nihilismus letztlich weder bejaht noch verneint werden: Er ist – im strengen Sinn des Wortes – ein Experiment, das Experiment der Moderne und der Modernität.

Subjekt, Subjektivität

Vielleicht der umstrittenste Begriff der religiösen und philosophischen Tradition, zu dem auch die Existenzialisten ein zweideutiges Verhältnis haben. Sie kritisieren ihn, wenn damit ein selbstgenügsames und allmächtiges »Höchstes Wesen« gemeint ist; sie bejahen ihn, wenn er für die existenzielle Freiheit, die existenzielle Revolte, kurz: die Existenz selbst, steht.

Transzendenz

In der Tradition die Auszeichnung Gottes, sofern er außerhalb oder jenseits der Welt »ist«. Bei den Existenzialisten die Auszeichnung der Existenz, sofern sie die Welt – ihre gegebene Situation – auf das hin überschreitet, was sie wird oder werden will. Gegensatz zur Immanenz, zur Zugehörigkeit zur Welt, wie sie ist.

Literatur

Die Literaturangaben im Text beziehen sich auf das Datum der Ersterscheinung, hier in Klammern.

Einführungen

Brunkhorst, Horst/Koch, Gertrud: *Herbert Marcuse zur Einführung.* Hamburg: Junius, 1987.

Dupuis, Jules François: *Der radioaktive Kadaver.* Eine Geschichte des Surrealismus. Hamburg: Ed. Nautilus, 1979.

Eßbach, Wolfgang: *Die Junghegelianer.* Soziologie einer Intellektuellengruppe. München: Fink, 1988.

Kimmerle, Heinz: *Jacques Derrida zur Einführung.* Hamburg: Junius, 1997 (1988).

Knoblauch, Jochen/Peterson, Peter: *Ich hab' Mein' Sach' auf Nichts gestellt.* Texte zur Aktualität von Max Stirner. Berlin: Karin Kramer, 1994.

Korte, Hermann: *Die Dadaisten.* Reinbek: Rowohlt, 1997 (1994).

Liessmann, Konrad Paul: *Sören Kierkegaard zur Einführung.* Hamburg: Junius, 1993.

Ohrt, Roberto: *Phantom Avantgarde.* Eine Geschichte der Situationistischen Internationale und der modernen Kunst. Hamburg: Edition Nautilus, 1990.

Pieper, Annemarie: *Albert Camus.* München: Beck, 1984.

Rentsch, Thomas: *Martin Heidegger.* Das Sein und der Tod. München: Beck, 1989.

Ries, Wiebrecht: *Friedrich Nietzsche zur Einführung.* Hamburg: Junius, 1987 (1982).

Savater, Fernando: *Versuch über Cioran.* München: Raben, 1984.

Suhr, Martin: *Jean-Paul Sartre zur Einführung.* Hamburg: Junius, 1989 (1987).

Taureck, Bernhard: *Emmanuel Lévinas zur Einführung.* Hamburg: Junius, 1997 (1991).

Zehl, Christiane: *Simone de Beauvoir.* Reinbek: Rowohlt, 1998 (1978).

Auswahl aus Literatur und Poesie

Beauvoir, Simone de: *Die Mandarins von Paris.* Reinbek: Rowohlt, 1997 (1954).

Beauvoir, Simone de: *Zeremonie des Abschieds.* Reinbek: Rowohlt, 1983 (1981).

Camus, Albert: *Der Fremde.* Reinbek: Rowohlt, 1994 (1942).

Camus, Albert: *Die Pest.* Reinbek: Rowohlt, 1998 (1947).

Kierkegaard, Sören: *Eine literarische Anzeige.* Gütersloh: GTB Siebenstern, 1983 (1846).

Nietzsche, Friedrich: *Also sprach Zarathustra.* KSA Bd. 4. München/New York: dtv/de Gruyter, 1988 (1883).

Rimbaud, Jean-Arthur: *Eine Zeit in der Hölle.* Stuttgart: Reclam, 1992 (1873).

Sartre, Jean-Paul: *Der Ekel.* Reinbek: Rowohlt, 1998 (1939).

Auswahl aus Philosophie, Politik und Moral

Beauvoir, Simone de: *Soll man de Sade verbrennen?* Drei Essays zur Moral des Existenzialismus. Reinbek: Rowohlt, 1997 (ab 1944).

Beauvoir, Simone de: *Das andere Geschlecht.* Sitte und Sexus der Frau. Reinbek: Rowohlt, 1992 (1949).

Camus, Albert: *Der Mythos von Sisyphos. Versuch über das Absurde.* Reinbek: Rowohlt, 1997 (1942).

Cioran, Emile: *Lehre vom Zerfall.* Stuttgart: Klett, 1978 (1949).

Debord, Guy: *Die Gesellschaft des Spektakels.* Anhang: Kommentare zur Gesellschaft des Spektakels. Berlin: Edition Tiamat, 1996 (1967).

Derrida, Jacques: *Marx' Gespenster.* Frankfurt/M.: Fischer, 1996 (1993).

Derrida, Jacques: *Adieu.* Nachruf auf Emmanuel Lévinas. München: Hanser, 1999 (1997).

Gallissaires, Pierre/Mittelstädt, Hanna/Ohrt, Roberto: *Der Beginn einer Epoche.* Texte der Situationisten. Hamburg: Edition Nautilus, 1995

Heidegger, Martin: *Ontologie.* Hermeneutik der Faktizität. Gesamtausgabe, Bd. 63. Frankfurt/M.: Klostermann, 1988 (1923).

Heidegger, Martin: *Was ist Metaphysik?* Frankfurt/M.: Klostermann, 1969 (1929).

Kierkegaard, Sören: *Furcht und Zittern.* Hamburg: Europäische Verlagsanstalt, 1992 (Pseudonym Johannes de Silentio 1843).

Kierkegaard, Sören: *Krankheit zum Tode.* Hamburg: Europäische Verlagsanstalt, 1995 (Pseudonym Anti-Climacus 1849).

Lévinas, Emmanuel: *Zwischen uns. Versuche über das Denken an den Anderen.* München: Hanser, 1995 (1991).

Marcuse, Herbert: *Der eindimensionale Mensch.* München: dtv, 1994 (1964).

Nancy, Jean-Luc: *Das gemeinsame Erscheinen.* In: Gemeinschaften. Positionen zu einer Philosophie des Politischen. Joseph Vogl (Hg.). Frankfurt/M.: Suhrkamp, 1994 (1991).

Nietzsche, Friedrich: *Die Geburt der Tragödie.* Kritische Studienausgabe, Bd. 1. Berlin/New York: dtv/de Gruyter, 1988 (1872).

Nietzsche, Friedrich: *Jenseits von Gut und Böse* und *Zur Genealogie der Moral.* Kritische Studienausgabe, Bd. 5 Berlin/New York: dtv/de Gruyter, 1988 (1884/1887).

Sartre, Jean-Paul: *Das Sein und das Nichts.* Versuch einer phänomenologischen Ontologie. Reinbek: Rowohlt, 1991 (1943).

Sartre, Jean-Paul: *Fragen der Methode.* Marxismus und Existentialismus. Reinbek: Rowohlt, 1999 (1960).

Sartre, Jean-Paul: *Der Existentialismus ist ein Humanismus und andere philosophische Essays 1943–48.* Reinbek: Rowohlt, 2000.

Seibert, Thomas: Existenzphilosophie. Stuttgart: Metzler, 1997.

Stirner, Max: *Der Einzige und sein Eigentum.* Stuttgart: Reclam, 1972 (1844).

Vaneigem, Raoul: *Handbuch der Lebenskunst für die jüngeren Generationen.* Hamburg: Edition Nautilus, 1980.

Programm 2000

Jost Müller: **Sozialismus**
Martin Büsser: **Popmusik**
Henning Schmidt-Semisch / Frank Nolte: **Drogen**
Mark Terkessidis: **Migranten**
Katja Leyrer: **Sexualität**
Ralf Strobach: **EXPO 2000**
Boris Gröndahl: **Hacker**
Sabine Riewenherm: **Gentechnologie**
Otto Diederichs: **Polizei**
Vanessa Redak / Beat Weber: **Börse**
Martin Krauß: **Doping**
Thomas Seibert: **Existenzialismus**

Bildnachweise:

S. 8, 27, 38, 44, 54, 56, 61, 80, 90 (2) © VG Bild-Kunst, Bonn 2000; S. 19 Det Kongelige Bibliothek, Kopenhagen; S. 22 Hans Olde; S. 25 Musée Rimbaud, Charteville; S. 33 Rowohlt/Lotte Köhler, New York; S. 42 Bibliothèque Nationale, Paris; S. 47 H. Roger Viollet, Paris; S. 53 Henri Cartier-Bresson/Magnum; S. 62, 65 aus: E. Sussman, On the Passage of a few people...: The S.I., MIT Press, Cambridge; S. 67 Magnum; S. 86 aus: Le Monde 1973
sowie Bilder aus dem Archiv des Autors und des Herausgebers.

Leider konnten nicht immer die Fotografen/Rechteinhaber ermittelt werden.
In diesen Fällen sind Autor und Verlag dankbar für Hinweise.
Berechtigte Ansprüche werden im Rahmen des Üblichen abgegolten.

Die Deutsche Bibliothek – CIP-Einheitsaufnahme

Ein Titeldatensatz für diese Publikation ist bei
Der Deutschen Bibliothek erhältlich

Umschlag- und Reihengestaltung: +malsy, Bremen
Herstellung: Das Herstellungsbüro, Hamburg
Druck und Bindung: Fuldaer Verlagsagentur

Printed in Germany
ISBN 3-434-53511-X